CASI GRINGOS

4TA EDICIÓN

GUÍA DE ESTUDIO ACTUALIZADA DE LA CIUDADANÍA AMERICANA

ESPAÑOL - INGLES

2020

CASI GRINGOS

DESCARGO DE RESPONSABILIDAD:

DISCLAIMER:

ÍNDICE

CASI GRINGOS
GUÍA DE ESTUDIO ACTUALIZADA DE LA CIUDADANÍA AMERICANA.
ESPAÑOL - INGLÉS

www.casigringos.com
4ta Edición /2021
info@casigringos.com

Autor
Brayan Raul Abreu Gil

Impresión, Distribución & Ventas
IngramSpark & Amazon

Editado & Publicado
MUNDO B.R.A.G. LLC.
www.mundobrag.com

2105 Vista Oeste St NW Suite E - 1021
Albuquerque, NM, 87120
+1 (805) 301-2050
info@mundobrag.com

B.R.A.G. ®
Marca Registrada
EUIPO-012256715

ISBN: 978-1-947410-04-6
Impreso en: EE.UU

Todos los Derechos Reservados.
Copyright © 2016 - 2022

B.R.A.G.®

Bienvenidos

Casi Gringos es una guía de preparación y estudio para todos los latinos que están a punto de convertirse en ciudadanos americanos, en ella encontrarás toda la información que necesitas para solicitar la ciudadanía y prepararte para el examen y la entrevista.

Para convertirse en ciudadano americano, el día de su entrevista usted debe de aprobar el examen de naturalización realizado por un agente de inmigración. Durante la entrevista, usted debe contestar preguntas sobre su formulario N-400, a menos que sea elegible para una exención o una dispensa.

En el examen de Cívica que es oral, le preguntarán un aproximado de 20 preguntas de las nuevas128 preguntas de Cívica de la Ciudadanía Americana, usted debe responder al menos 12 correctas para poder pasar satisfactoriamente la parte Cívica del examen, también le pedirán que lea y escriba una pequeña oración para comprobar su dominio con el Inglés, y tendrá que responder preguntas de su información personal de su N-400.

Si usted tiene 65 años de edad o más, y hace 20 años o más que es residente permanente legal de los Estados Unidos, quiero que sepa que el Servicio de Ciudadanía e Inmigración de los Estados Unidos provee una consideración especial en la prueba de civismo. Usted será elegible para tomar el examen de civismo en el idioma de su elección, como también se les concederá el beneficio de tener que estudiar solo 20 de las 128 preguntas de Cívica.

Nota
Ahora con las nuevas 128 Preguntas de Cívica, el examen está mucho más difícil que antes, por esa razón recomendamos a todos nuestros lectores de empezar a estudiar con bastante tiempo de antelación para prepararse correctamente.

NOTAS

FORMULARIO
N-400

CÓMO Y DONDE PRESENTAR EL N-400.

Usted tiene dos opciones para presentar su Formulario N-400 con USCIS:

En línea o por correo en formato impreso.

1. Cómo presentar su Formulario N-400 en línea:

Nota: Si usted va a presentar una solicitud basada en su servicio militar, solicite desde fuera de Estados Unidos, o solicite una exención o reducción de tarifas, **NO** puede presentar su Formulario N-400 en línea.

De lo contrario, usted debe crear una cuenta en línea para poder presentar su Formulario N-400. Tener una cuenta en línea le permitirá:

* Verificar el estatus de su caso.
* Recibir notificaciones y actualizaciones de casos.
* Ver estimados personalizados de fechas de finalización de casos.
* Responder a los pedidos de evidencia y administrar su información de contacto, incluida la actualización de su dirección.

2. Cómo presentar su Formulario N-400 por correo:

Nota: Si va a presentar una solicitud basada en su condición de miembro activo o ex miembro de las Fuerzas Armadas, cónyuge de un miembro activo, o un familiar cercano de un militar fallecido, **NO** use esta Tabla. Consulte la sección 3 más adelante para conocer dónde presentar su formulario.

Todos los demás solicitantes deben usar la Tabla a continuación.
Por favor, tenga en cuenta que si usted presenta su Formulario N-400 impreso, recibirá una Notificación de Aceptación de Cuenta de USCIS por correo, que contendrá instrucciones de cómo crear una cuenta en línea. Procesarán su solicitud, y le exhortaran para una mejor comunicación que cree y acceda a su cuenta en línea. De todas formas le seguirán enviando las notificaciones sobre su caso por correo.

Tabla 1.

SI RESIDE EN:	**ENVÍE SU SOLICITUD A:**
• Alaska • Arizona • California • Colorado • Dakota del Norte • Guam • Hawái • Idaho • Islas Marianas del Norte • Kansas • Micronesia • Montana • Nebraska • Nevada • Oregón • Utah • Washington • Wyoming	**Por Servicio Postal de EE.UU. (USPS):** USCIS P.O. Box 21251 Phoenix, AZ 85036 **Para entregas a través de (FedEx, UPS y DHL):** USCIS Attn: N-400 1820 E. Skyharbor Circle S. Suite 100 Phoenix, AZ 85034

Tabla 2.

SI RESIDE EN:	ENVÍE SU SOLICITUD A:
• Alabama • Arkansas • Carolina del Norte • Carolina del Sur • Connecticut • Dakota del Sur • Delaware • Distrito de Columbia • Florida • Georgia • Islas Vírgenes de los EE.UU. • Kentucky • Luisiana • Maine • Maryland • Massachusetts • Misisipí • Nuevo Hampshire • Nueva Jersey • Nuevo México • Nueva York • Oklahoma • Puerto Rico • Rhode Island • Tenesí • Texas • Vermont • Virginia • Virginia Occidental	**Por Servicio Postal de EE.UU. (USPS):** USCIS P.O. Box 660060 Dallas, TX 75266 **Para entregas a través de (FedEx, UPS y DHL):** USCIS Attn: N-400 2501 S State Hwy 121 Business Suite 400 Lewisville, TX 75067

Tabla 3.

SI RESIDE EN:	ENVÍE SU SOLICITUD A:
• Illinois • Indiana • Iowa • Michigan • Minnesota • Misuri • Ohio • Pensilvania • Wisconsin	**Servicio Postal de EE.UU. (USPS):** USCIS PO Box 4380 Chicago, IL 60680-4380 **Para entregas a través de (FedEx, UPS y DHL):** USCIS Attn: N-400 131 S. Dearborn, 3rd Floor Chicago, IL 60603-5517

3. Si va a presentar una solicitud a base de su condición de miembro o ex miembro de las Fuerzas Armadas, cónyuge de miembro de las Fuerzas Armadas o familiar cercano de militar fallecido:

Envíe su solicitud al lugar indicado a continuación:

Servicio postal de Estados Unidos (USPS, por sus siglas en inglés):

USCIS
P.O. Box 4446
Chicago, IL 60680-4446

Para entregas por FedEx, UPS o DHL, utilice la siguiente dirección:

USCIS
Attn: Military N-400
131 S. Dearborn, 3rd Floor
Chicago, IL 60603-5517

Nota: Si usted presenta su Formulario N-400 impreso, recibirá una Notificación de Aceptación de Cuenta de USCIS por correo, que contendrá instrucciones de

cómo crear una cuenta en línea para dar seguimiento y manejar su caso. Procesaran su solicitud aún si usted no crea una cuenta en línea, pero le exhortaran para una mejor
comunicación que cree y acceda a su cuenta en línea. De todas formas continuaran enviándole las notificaciones sobre su caso por correo.

* ¡No olvide firmar su formulario!
USCIS rechazará cualquier formulario que no esté firmado.

* Nota Importante:
No envíe documentos originales a menos que se les soliciten
específicamente en las instrucciones del formulario.

TARIFAS DE PRESENTACIÓN

A $640 (añada $85 de servicios biométricos para un total de $725, si aplica. Vea las excepciones más adelante). Si presenta el Formulario N-400 en línea, usted puede pagar su tarifa en línea. Si presenta su Formulario N-400 por correo (de forma impresa), puede pagar la tarifa con giro postal, cheque personal, cheque de cajero, o tarjeta de crédito junto con el Formulario G-1450, que es una Autorización de Transacciones con Tarjetas de Crédito (dicho formulario lo puede descargar en la página oficial de USCIS (https://www.uscis.gov/es/formularios/g-1450) o también en nuestro sitio web (https://casigringos.com/formularios/). Si paga con cheque, debe hacerlo pagadero a: U.S. Department of Homeland Security.

Cuando envía un pago, usted acepta pagar por un servicio del gobierno. Las tarifas de servicios biométricos y de presentación son finales y no reembolsables, independientemente de cualquier acción que se tome en su solicitud o petición o si retira su solicitud.

Utilice el Calculador de Tarifas (en inglés) para ayudarle a determinar su tarifa de presentación: (https://www.uscis.gov/feecalculator)

Excepciones:
Solicitantes de 75 años o más no necesitan pagar la tarifa de datos biométricos, solamente necesitan pagar la tarifa de presentación de $640.

No se requiere pago de tarifa por parte de solicitantes militares que presentan bajo la Sección 328 o 329 de INA.

N-400

Por favor antes de presentar su N-400 asegúrese de ser elegible para solicitar la Ciudadanía Americana a través del proceso de naturalización, para eso usted debería de:

- Tener al menos 18 años de edad.
- Ser titular de una tarjeta verde o (Green Card).
- Ser capas de leer, escribir y hablar el Inglés básico.
- Tener una comprensión básica de la historia y el gobierno de EE. UU.
- Haber vivido al menos 3 meses en el estado donde presentará la solicitud.
- No haber pasado más de un año a la vez fuera de los EE. UU.
- Haber residido continuamente en los Estados Unidos durante al menos 5 años como residente permanente inmediatamente antes de la fecha de presentación de su solicitud.
- Haber estado físicamente presente en los Estados Unidos durante al menos 30 meses de los 5 años inmediatamente anteriores a la fecha de presentación de su solicitud.
- Ser una persona de buena conducta moral.

PRESENTACIÓN TEMPRANA

Un solicitante que presenta su solicitud en virtud de la disposición general de naturalización (sección 316(a) de INA), puede presentar su solicitud hasta 90 días antes de que cumpla por primera vez el período requerido de 5 años de residencia continua como Residente Permanente Legal (LPR, por sus siglas en inglés). Un solicitante que presente la solicitud como cónyuge de un ciudadano de EE.UU. en virtud de la sección 319(a) de la INA puede presentar su solicitud hasta 90 días antes de alcanzar el período de 3 años de residencia continua como LPR. Aun cuando un solicitante puede presentar su solicitud tempranamente de acuerdo con la disposición de la presentación temprana de 90 días, no es elegible para la naturalización hasta que alcance el período requerido de 3 o 5 años de residencia continua como LPR. Los solicitantes que presenten la solicitud hasta 90 días antes de cumplir con la exigencia de residencia continua, aún deben cumplir con todos los otros requisitos para la naturalización en el momento de la presentación del Formulario N-400. Por ejemplo, un solicitante que presente la solicitud en virtud de la sección 319(a) de la INA, debe cumplir con todos los otros requisitos como cónyuge de un ciudadano de EE.UU. al momento de presentar la solicitud.

CÓMO LLENAR EL FORMULARIO N-400.

1. Escriba con **letra legible**, y con **tinta negra**.

2. Si necesita más espacio para completar cualquier ítem de esta solicitud, utilice y adjunte una hoja de papel adicional, y escriba a máquina o a mano en la parte superior de cada hoja de papel su nombre, Número de Registro de Extranjero (Número A) (si lo tiene), e indique el Número de Parte, y Número Ítem al que se refiere su respuesta.

3. Conteste todas las preguntas de manera completa y precisa. Si una pregunta no le aplica a usted (como por ejemplo, si nunca ha estado casado y la pregunta dice "Proporcione el nombre de su cónyuge actual"), escriba a máquina o a manuscrito "**N/A**", a menos que se le indique lo contrario. Si la contestación a una pegunta que le requiera una respuesta numérica es 'cero' o 'ninguno' (como por ejemplo, "Cuántos hijos tiene usted" o "Cuántas veces ha salido de los Estados Unidos") escriba a máquina o manuscrito "**None**" (Ninguno), a menos que se le indique lo contrario.

4. **Evite resaltar, tachar, o escribir fuera del espacio provisto para su respuesta**. Si tiene que hacer correcciones sustanciales a su Formulario N-400, USCIS le recomienda empezar un nuevo Formulario N-400 en vez de usar cinta o líquido corrector blanco para borrar la información. Los escáneres de USCIS pueden ver a través de la cinta o líquido corrector blanco. Esto puede conducir a que los sistemas de USCIS capturen información incorrecta, lo que puede causar retrasos en el procesamiento o el rechazo (denegación) de su Formulario N-400.

5. **Escriba su Número A ("A-Number") en la esquina superior derecha de cada página** (si procede). Su Número A se encuentra en su Tarjeta de Residente Permanente (anteriormente conocida como Registro de Extranjero). El Número A de su tarjeta consta de siete a nueve dígitos, según el momento cuando se creó el registro. Si el Número A de su tarjeta tiene menos de nueve dígitos, escriba suficientes ceros antes del primer dígito para crear un total de nueve dígitos en el Formulario N-400. Por ejemplo, escriba el número A 1234567 como A001234567 o escriba el número A 12345678 como A012345678.

6. **Su solicitud debe estar debidamente completada, firmada y presentada**. Cuando presente el Formulario N-400 debe incluir todas las páginas aún si las páginas están en blanco. Aceptarán una fotocopia de la solicitud siempre y cuando las firmas en la solicitud estén a manuscrito y en original. USCIS no aceptará un sello, el nombre escrito a máquina en lugar de una firma.

EL FORMULARIO N-400 COSTA DE 18 PARTES.

Si necesita descargar el formulario N-400 puede hacerlo en la página oficial de USCIS (https://www.uscis.gov/es/formularios/n-400) o en nuestro sitio web (https://casigringos.com/formularios/).

PARTE 1. INFORMACIÓN ACERCA DE SU ELEGIBILIDAD.

Marque la casilla que le corresponda. Marque sólo una casilla. Si selecciona más de una casilla, su Formulario N-400 se puede retrasar.

PARTE 2. INFORMACIÓN ACERCA DE USTED

(Persona que solicita la naturalización)

Ítem Número 1. Nombre legal actual. Su nombre legal actual es el nombre que figura en su certificado de nacimiento a menos que haya sido cambiado después de su nacimiento por una acción legal tal como un matrimonio o una orden judicial. No proporcione un apodo.

Ítem Número 2. Su nombre exactamente como aparece en su Tarjeta de Residente Permanente (si procede). Escriba su nombre exactamente como aparece en su Tarjeta de Residente Permanente, incluso si está mal escrito. Escriba "N/A" si no tiene una Tarjeta de Residente Permanente.

Ítem Número 3. Otros nombres que ha utilizado desde su nacimiento (incluya los apodos, alias, y apellido de soltera, si procede). Si ha utilizado otros nombres o aliases, próvealos en esta sección. Si necesita más espacio, utilice una(s) hoja(s) de papel adicional(es).

Ítem Número 4. Cambio de nombre (opcional). Un tribunal puede permitirle cambiar su nombre cuando se naturalice. Cualquier cambio de nombre que solicite en este formulario no será definitivo hasta que usted sea naturalizado por la corte. Si desea que el tribunal cambie su nombre en la ceremonia de juramento de naturalización,marque "Yes" ("Sí") y complete esta sección. No tiene que solicitar un cambio de nombre si cambió legalmente su nombre debido a un matrimonio, divorcio o la muerte de su cónyuge.

AVISO: USCIS no puede procesar las solicitudes de cambio de nombre de los miembros de las fuerzas armadas o sus cónyuges que se naturalizan en el extranjero.

Ítem Número 5. Número de Seguro Social de EE.UU (si corresponde). Provea su Número de Seguro Social de EE.UU. Escriba "N/A" si no tiene uno.

Ítem Número 6. Número de Cuenta de USCIS en Línea (si alguno). Si usted ha presentado anteriormente una solicitud o petición a través del sistema de presentación en línea de USCIS (anteriormente conocido como Sistema Electrónico de Inmigración de USCIS (USCIS ELIS)), proporcione el Número de Cuenta de USCIS en Línea que le otorgó el sistema. Puede encontrar este número al ingresar a su cuenta y acceder a la página de su perfil. Si anteriormente presentó algunas solicitudes o peticiones en formularios impresos a través de una Localidad Segura (Lockbox) de USCIS, debe haber recibido una Notificación de Acceso de Cuenta de USCIS en Línea en la que se le indica su Número de Cuenta de USCIS en Línea. Si recibió esa notificación, encontrará el Número de Cuenta de USCIS en Línea en la parte superior de la notificación. Si tiene un Número de Cuenta de USCIS En Línea, escríbalo en el espacio que se le proporciona para esto. El Número de Cuenta de USCIS En Línea no es lo mismo que el Número A.

Ítem Número 7. Sexo. Indique si usted es hombre (M) o mujer (F).

Ítem Número 8. Fecha de nacimiento. Utilice siempre ocho números para escribir su fecha de nacimiento. Escriba la fecha en este orden: mes, día, año. Por ejemplo, escriba 1 de mayo de 1958 como 05/01/1958. USCIS rechazará el Formulario N-400 si no usted provee su fecha de nacimiento.

Ítem Número 9. Fecha en que se convirtió en Residente Permanente Legal (si procede). Provea la fecha oficial cuando empezó su residencia permanente tal como se muestra en su Tarjeta de Residente Permanente (antes conocida como Tarjeta de Registro de Extranjero). Provea la fecha en este orden: mes, día, año. Por ejemplo, escriba 9 de agosto de 1988 como 08/09/1988. USCIS puede rechazar su solicitud si no provee la fecha en la que se convirtió en Residente Permanente.

AVISO: Necesita tanto el Número A ("A-Number") de USCIS como la fecha de residente permanente para presentar el Formulario N-400. Si no posee esta información, debe programar una cita de InfoPass para obtenerla antes de presentar su Formulario N-400.

Ítem Número 10. País de nacimiento. Escriba el nombre del país donde usted nació. Escriba el nombre del país según constaba al momento de su nacimiento, incluso si el país ya ha cambiado de nombre.

Ítem Número 11. País de ciudadanía o nacionalidad. Escriba el nombre del país de donde es ciudadano o nacional actualmente. Si el país ya no existe, escriba el nombre actual del país bajo la actual autoridad.

1. Si es apátrida, escriba el nombre del país en el cual tuvo su última ciudadanía o nacionalidad.

2. Si es ciudadano o nacional de más de un país, escriba el nombre del país extranjero que emitió su último pasaporte.

Ítem Número 12. ¿Tiene usted una discapacidad física, de desarrollo o mental que no le permita demostrar su conocimiento o entendimiento del idioma inglés y/o los requisitos de educación cívica para la naturalización? Seleccione "Yes" ("Sí") si solicita una exención a la porción del examen de inglés y/o educación cívica debido a una discapacidad física, de desarrollo o mental, que no le permite cumplir con los requisitos del examen de inglés y/o educación cívica para la naturalización. Envíe el Formulario N-648, Certificación Médica para Exenciones por Discapacidad, como anejo de su Formulario N-400.

AVISO: Presentar un Formulario N-648 no garantiza que se le eximirá de cumplir con los requisitos de tomar los exámenes.

Ítem Número 13. Exenciones al examen de inglés. Puede que por razones de edad y el tiempo que usted lleva como residente permanente legal, usted no tenga que tomar el examen de inglés.

PARTE 3. ACOMODOS PARA PERSONAS CON DISCAPACIDADES Y/O IMPE-DIMENTOS.

USCIS está comprometido a proveerles acomodos razonables a las personas cualificadas que tengan discapacidades o impedimentos, para que puedan participar plenamente en los programas y beneficios de USCIS. Los acomodos razonables varían con cada discapacidad o impedimento. Éstos pueden implicar modificaciones a las prácticas o procedimientos de la agencia. Se pueden ofrecer varios tipos de acomodos razonables. Entre los ejemplos se incluyen, pero no están limitados a:

1. Si usted es sordo o tiene dificultades auditivas, USCIS puede proveerle un intérprete de lenguaje de señas durante una entrevista u otra solicitud relacionada con su entrevista u otra cita relacionada a beneficios de inmigración.

2. Si usted es ciego o tiene poca visión, USCIS puede permitirle tomar el examen de manera oral en lugar de escrita.

3. Si usted no puede trasladarse a la localidad de USCIS designada para una entrevista, un funcionario de USCIS puede visitarlo en su casa u hospital para hacerle la entrevista de naturalización. Si usted cree que necesita que USCIS haga arreglos por motivos de su discapacidad y/o impedimento, marque la casilla "Yes" ("Sí") y luego marque la casilla de los **Ítems A.** al **C.** del **Ítem Número 1.** que describa la naturaleza de su(s) discapacidad(es) y/o impedimento(s). Asi mismo, deberá describir el (los) tipo(s) de arreglo(s) que solicita en la(s) línea(s) proporcionada(s). Si usted solicita un intérprete de lenguaje de señas, indique el idioma (por ejemplo lenguaje de señas americano) que necesita. Si necesita más espacio para proveer información adicional, use una hoja de papel adicional.

AVISO: Todas las instalaciones de USCIS en los Estados Unidos cumplen con las Guías de Accesibilidad de la Ley para Personas con Discapacidades, por lo que no es necesario que contacte a USCIS para solicitar arreglos para acceso físico a una oficina USCIS en los Estados Unidos. Sin embargo, en la **Parte 3**, **Ítem C** del **Ítem Número 1.** del formulario, puede indicar si utiliza una silla de ruedas. Esto permitirá que USCIS se prepare mejor para su visita.

AVISO: También USCIS asegura que se le conceda a las personas con dominio limitado de inglés (LEP, por sus siglas en inglés) acceso significativo a una entrevista u otra cita relacionada a beneficios de inmigración, a menos que esté prohibido por ley. Las personas con dominio limitado de inglés pueden traer a un intérprete cualificado a la entrevista. USCIS considera las solicitudes de acomodos razonables caso por caso y hará sus mejores esfuerzos para proveer acomodo para sus discapacidades o impedimentos. USCIS no lo excluirá de participar en los programas o denegará su solicitud debido a una discapacidad y/o impedimento. Solicitar y/o recibir un acomodo no afectará su elegibilidad a los beneficios de USCIS.

PARTE 4. INFORMACIÓN PARA CONTACTARLE.
Provea su número de teléfono actual, así como la dirección de correo electrónico vigente. A menos que se indique lo contrario, escriba a máquina o en letras de imprenta "**N/A**" si un ítem no es aplicable o si la respuesta es "ninguno". Si tiene discapacidades auditivas y utiliza una conexión telefónica para personas con discapacidades auditivas (TTY, por sus siglas en inglés), indíquelo y escriba "TTY" después del número de teléfono.

PARTE 5. INFORMACIÓN ACERCA DE SU RESIDENCIA.

Liste todas las direcciones en las que ha vivido durante los últimos 5 años (incluso de otros países) previos a presentar su Formulario N-400. Comience por su residencia actual y luego incluya las fechas cuando vivía en cada lugar en formato mes, día, año (mm/dd/aaaa). Por ejemplo, escriba 1 de mayo de 1998 a 1 de junio de 1999, como 05/01/1998 al 06/01/1999. Provea su dirección postal si es diferente a su dirección residencial actual. Provea la información sobre "correspondencia al cuidado de" (In Care Of Name), si corresponde. Si no tiene un estado o provincia, escriba nuevamente el nombre de su ciudad en esta casilla. Si no tiene un ZIP o código postal, escriba "00000" en la casilla del código postal.

AVISO: Podría ser que USCIS no pueda contactarle si usted no provee una dirección postal completa y válida. Si USCIS rechaza su Formulario N-400, puede que no sea capaz de regresarle la tarifa de presentación del Formulario N-400 si usted no provee una dirección postal completa y válida. Si reside fuera de los Estados Unidos y presenta su solicitud en virtud de la sección 319(b) de INA y desea que USCIS tome sus datos biométricos en Estados Unidos, debe proveer una dirección en este país. USCIS le enviará una carta a su dirección postal en los Estados Unidos en la que se le notificará cuándo y dónde ir para su cita de servicios biométricos.

Si usted es víctima de violencia doméstica, no tiene que divulgar la dirección confidencial del albergue o casa protegida. Si usted reside en un albergue o casa protegida al momento de presentar esta solicitud o no se siente seguro proporcionando su dirección actual, puede proporcionar una "dirección segura" en la que pueda recibir correspondencia. No proporcione una dirección de casilla postal (Post Office Box Number) a menos que esta sea su única dirección. Si actualmente usted no reside en un albergue o casa protegida, pero residió en uno durante parte del periodo del cual brinda la información, puede proveer solo el nombre de la ciudad y el estado de residencia del mismo. Si necesitan información adicional, puede proveerla durante la entrevista.

PARTE 6. INFORMACIÓN ACERCA DE SUS PADRES.

Si ninguno de sus padres es un ciudadano estadounidense, omita esta parte y vaya a la **Parte 7**.

Ciudadanía de los padres. Complete los **Ítems Número 1.**, **2.**, y **3.** de la **Parte 6.** Marque "No" si su madre o padre no es un ciudadano estadounidense y siga al próximo número de ítem o parte, según indica el formulario. Si alguno de sus padres o ambos padres son ciudadanos estadounidenses, seleccione "Yes" ("Sí") y complete los **Ítems A.** al **E.** del **Ítem Número 2.** (ciudadanía de la madre) y los **Ítems A.** al **E.** del **Ítem Número 3.** (ciudadanía del padre) de la **Parte 6**.

PARTE 7. INFORMACIÓN BIOGRÁFICA.
Proporcione la información biográfica que se le solicita en la **Parte 7.**, **Ítems 1.** al **6.** Proporcionar esta información como parte de esta solicitud puede reducir el tiempo que usted tenga que pasar en su cita en el ASC de USCIS, según se explica en la sección Cita de Servicios Biométricos de estas instrucciones.

Ítem Número 1. – 2. Grupo étnico y raza.
Seleccione las casillas que mejor describan su grupo étnico y raza.
Categorías y definiciones del grupo étnico y raza.

1. Hispano o latino. Una persona de origen cubano, mexicano, puertorriqueño, suramericano y centroamericano, o de otra cultura u origen hispano, independientemente de la raza. (**Aviso**: Esta categoría sólo se incluye bajo Etnicidad ("Ethnicity") en la **Parte 7.**, **Ítem Número 1.**).

2. Blanco. Una persona que tiene sus orígenes en cualquiera de los pueblos originales de Europa, Oriente Medio o el Norte de África.

3. Asiático. Una persona con orígenes en cualquiera de los pueblos originales del Lejano Oriente, el Sudeste Asiático o el subcontinente Indio, por ejemplo, Camboya, China, India, Japón, Corea, Malasia, Pakistán, Islas Filipinas, Tailandia y Vietnam.

4. Negro o afroamericano. Una persona con orígenes en cualquiera de los grupos raciales negros de África.

5. Indígenas americanos o nativos de Alaska. Una persona con orígenes en cualquiera de los pueblos originales de
América del Norte y del Sur (incluida América Central), y que mantiene afiliación tribal o nexos con la comunidad.

6. Nativos de Hawái o de otras islas del Pacífico. Una persona que tiene sus orígenes en cualquiera de los pueblos originales de Hawái, Guam, Samoa u otras islas del Pacífico.

Ítem Número 3. Estatura. Seleccione los valores que mejor describen su estatura en pies y pulgadas. Por ejemplo, si usted mide cinco pies con nueve pulgadas, seleccione "5" para los pies y "09" para las pulgadas. No escriba su estatura en metros o centímetros. Si lo hace, podría retrasar el trámite de su Formulario N-400.

Ítem Número 4. Peso. Escriba su peso en libras. Si no conoce su peso, o tiene que escribir un peso menor de 30 libras o mayor de 699 libras, escriba "000". No escriba su peso en kilogramos.

Ítem Número 5. Color de ojos. Seleccione la casilla que mejor describa su color de ojos.

Ítem Número 6. Color de cabello. Seleccione la casilla que mejor describa su color de cabello.

PARTE 8. INFORMACIÓN ACERCA DE SU EMPLEO Y ESCUELAS A LAS QUE ASISTIÓ.

Liste los lugares donde ha trabajado o asistido a la escuela a tiempo completo o parcial durante los últimos 5 años. Provea información del periodo completo. Incluya todos los servicios militares, de policía y/o de inteligencia.

Primero provea información sobre su empleo actual y más reciente, sus estudios o, si es el caso, desempleo. Mencione los lugares y fechas donde ha trabajado, si ha sido trabajador autónomo (por cuenta propia), cuándo ha estado desempleado o ha estudiado durante los últimos 5 años. Si trabajó por cuenta propia, escriba "self-employed" ("por cuenta propia"). Si estuvo desempleado, escriba "unemployed" ("desempleado").

PARTE 9. TIEMPO FUERA DE LOS ESTADOS UNIDOS.

Ítem Número 1. Informe el número total de días (24 horas o más) que pasó fuera de los Estados Unidos durante los últimos 5 años.

Ítem Número 2. Provea el número total de viajes (24 horas o más) que ha hecho fuera de los Estados Unidos durante los últimos 5 años.

Ítem Número 3. Provea información sobre cada viaje (24 horas o más) que ha realizado fuera de los Estados Unidos durante los últimos 5 años. Comience con su viaje más reciente, y luego los subsiguientes.

PARTE 10. INFORMACIÓN ACERCA DE SU HISTORIAL DE ESTADO CIVIL.

Ítem Número 1. ¿Cuál es su estado civil actual? Indique su estado civil a la fecha en que presenta su Formulario N-400. Si usted está soltero y nunca se ha casado, pase a la **Parte 11**. Información sobre sus Hijos.

Ítem Número 2. Si usted está casado, indique si su cónyuge es un miembro actual de las Fuerzas Armadas de los Estados Unidos.

Ítem Número 3. ¿Cuántas veces usted ha estado casado (incluidos los matrimonios que han sido anulados, matrimonios con personas diferentes, y matrimonios con la misma persona)? Escriba el número de veces que ha estado casado. Si estuvo casado con la misma persona más de una vez, cuente cada vez como un matrimonio por separado.

Ítem Número 4. Si usted está casado, provea la información sobre su cónyuge actual.

Ítem Número 5. ¿Es su cónyuge actual un ciudadano estadounidense? Marque el encasillado para indicar si su cónyuge actual es ciudadano de EE.UU.

Ítem Número 6. Si su cónyuge actual es ciudadano de EE.UU. a través de la naturalización (después de nacimiento), marque el encasillado que indica cuándo su cónyuge se convirtió en un ciudadano de EE.UU. y provea la fecha de su naturalización.

Ítem Número 7. Provea la información solicitada si su cónyuge no es un ciudadano de EE.UU.

Ítem Número 8. ¿Cuántas veces se ha casado su cónyuge actual? (incluidos los matrimonios que han sido anulados, matrimonios con personas diferentes y matrimonios con la misma persona). Si su cónyuge actual estuvo casado anteriormente, provea la siguiente información acerca de los matrimonios anteriores de su cónyuge actual, incluido el nombre legal del cónyuge anterior de su cónyuge actual, estatus migratorio (si lo conoce), fecha de nacimiento, país de nacimiento, país de ciudadanía o nacionalidad, fecha del matrimonio con el cónyuge

anterior, fecha en que culminó el matrimonio con el cónyuge anterior, y cómo terminó el matrimonio con el cónyuge anterior. Si su cónyuge actual ha tenido más de un matrimonio anterior, utilice una hoja de papel adicional para proveer la información. Si su cónyuge estuvo casado con la misma persona más de una vez, provea la información solicitada sobre cada matrimonio por separado.

Ítem Número 9. Si usted estuvo casado anteriormente, provea la información solicitada sobre su cónyuge anterior, incluido el nombre completo legal de éste, estatus migratorio (si lo conoce), fecha de nacimiento, país de nacimiento, país de ciudadanía o nacionalidad, fecha del matrimonio con su cónyuge anterior, fecha en que culminó el matrimonio con su cónyuge anterior, y cómo terminó el matrimonio con su cónyuge anterior. Si usted estuvo casado con la misma persona más de una vez, provea la información solicitada sobre cada matrimonio por separado.

PARTE 11. INFORMACIÓN ACERCA DE SUS HIJOS.

Ítem Número 1. Indique el número total de hijos. Cuente todos sus hijos, independientemente de si están vivos, desaparecidos o fallecidos, si nacieron en otros países o en los Estados Unidos; si son menores o mayores de 18 años de edad, si son casados o solteros, si viven con usted o en cualquier otro lugar, si son sus hijastros actuales, si son hijos adoptados legalmente o si son hijos nacidos cuando usted no estaba casado.

Ítem Número 2. Provea información sobre todos sus hijos enumerados en el **Ítem Número 1.**, independientemente de la edad. Adjunte una hoja(s) de papel adicional para proveer la información solicitada, si así lo necesita. Provea la siguiente información por cada hijo, incluido el nombre legal actual de su hijo(a), el Número A ("A-Number") (si corresponde), fecha de nacimiento, país de nacimiento (escriba el nombre del país al momento del nacimiento de su hijo(a), incluso si el nombre del país ha cambiado), relación con usted (por ejemplo, si es su hijo biológico, hijastro, o hijo adoptado de manera legal) y dirección actual.

1. Si su hijo(a) vive con usted, escriba "Child residing with me" ("Hijo que reside conmigo") en el espacio correspondiente a la dirección del hijo(a).
2. Si su hijo(a) no vive con usted, escriba la dirección donde reside su hijo(a).
3. Si su hijo(a) está desaparecido(a) o ha fallecido, se debe escribir "Child Missing" ("Hijo desaparecido") o "Child Deceased" ("Hijo fallecido") en el espacio provisto para la dirección.

PARTE 12. INFORMACIÓN ADICIONAL ACERCA DE USTED.
(Persona que solicita la naturalización)

Ítem Número 1. - 50. Responda a cada pregunta marcando "Yes" ("Sí") o "No", según corresponda. Si cualquier parte de una pregunta se aplica a usted o alguna vez ha aplicado a usted, debe contestar "Yes" ("Sí"). Si la respuesta es "Sí" ("Yes") a cualquiera de las preguntas de los **Ítems Número 1. - 44.** de esta parte, incluya una explicación por escrito en una hoja de papel adicional. También puede proveer pruebas para apoyar sus respuestas. Si contesta "No" a cualquier pregunta de los **Ítems Número 45. - 50.**, Incluya una explicación escrita en una hoja de papel adicional. Responder "Sí" o "No" a estas preguntas no resultará en que se deniegue automáticamente una solicitud.

PARTE 13. DECLARACIÓN, CERTIFICACIÓN Y FIRMA DEL SOLICITANTE.

Ítem Número 1. al **6.** Seleccione la casilla apropiada para indicar si usted mismo leyó esta solicitud o si algún intérprete le ayudó. Si alguien le ayudó a completar esta solicitud, seleccione la casilla que indica que usted utilizó un preparador. Además, usted debe firmar y fechar su solicitud. Cada solicitud TIENE que tener la firma del solicitante (o padre o tutor legal, si corresponde). Un sello con el nombre o escrito a máquina en lugar de una firma no será aceptable. Puede colocar una marca "X" en lugar de la firma si no puede escribir en ningún idioma. USCIS rechazará el Formulario N-400 si no está firmado.

PARTE 14. INFORMACIÓN DE CONTACTO, CERTIFICACIÓN Y FIRMA DEL INTÉRPRETE.

Ítem Número 1 al **7.** Si usted utilizó un intérprete para leerle las instrucciones y las preguntas de este formulario en el idioma que usted domina, el intérprete debe llenar esta sección, proveer su nombre, el nombre y la dirección de su empresa u organización (si alguno), su teléfono de contacto diurno, su número de teléfono móvil (si alguno) y su dirección de correo electrónico (si alguno). El intérprete debe firmar y fechar la solicitud.

PARTE 15. INFORMACIÓN DE CONTACTO, DECLARACIÓN Y FIRMA DE LA PERSONA QUE PREPARA ESTA SOLICITUD, SI NO ES EL SOLICITANTE.

Ítem Número 1. - 8. Esta sección debe tener la firma de la persona que completó su solicitud, si no fue el solicitante. Si la misma persona fue el intérprete y el preparador, esa persona debe llenar tanto la **Parte 14.** como la **Parte 15.** Si la persona que completó esta solicitud está asociada a una empresa u organización, tiene que llenar la información relacionada al nombre y dirección de la empresa u organización. Cualquier persona que le haya ayudado a completar esta solicitud **TIENE** que firmar y fechar la solicitud. Un sello con el nombre o el nombre escrito a maquinilla en lugar de una firma no será aceptable. Si la persona que le ayudó a preparar su formulario es un abogado o un representante acreditado cuya representación cubre más allá de la preparación de la solicitud, esa persona está obligada a presentar un Formulario G-28, Notificación de Comparecencia como Abogado o Representante Acreditado, junto con su solicitud. USCIS rechazará su Formulario N-400 si no está firmado por el preparador que usted utilizó para responder las preguntas en la solicitud.

* AVISO: NO COMPLETE LAS PARTES 16., 17., Y 18. HASTA QUE UN OFICIAL DE USCIS SE LO INDIQUE AL MOMENTO DE LA ENTREVISTA.

PARTE 16. FIRMA AL MOMENTO DE LA ENTREVISTA.
No complete esta parte. El oficial de USCIS le pedirá que complete esta parte al momento de su entrevista.

PARTE 17. RENUNCIA A TÍTULOS EXTRANJEROS.
No complete esta parte hasta que un oficial de USCIS se lo indique al momento de la entrevista.

La mayoría de las personas no tienen un título hereditario o una orden de nobleza extranjera. Esta parte le aplicará sólo si respondió "Sí" a la **Parte 12.**, **Ítems A.** y **B.** del **Ítem Número 4.** Si tiene un título hereditario o una orden de nobleza, la ley requiere que usted renuncie a este título como parte de su juramento de lealtad para convertirse en un ciudadano de EE.UU. En la **Parte 17.**, debe afirmar que está dispuesto a hacerlo.

PARTE 18. JURAMENTO DE LEALTAD.

No complete esta parte. El oficial de USCIS le pedirá que complete esta parte al momento de su entrevista.

Si USCIS aprueba su solicitud, usted debe realizar este Juramento de Lealtad para convertirse en un ciudadano. En casos limitados, puede realizar un juramento modificado. No se le eximirá del requisito del juramento a menos que usted no pueda comprender su significado debido a una discapacidad física o de desarrollo o impedimento mental. Para obtener más información, consulte Una Guía para la Naturalización (M-476). Su firma en este formulario sólo indica que no tiene objeciones para tomar el Juramento de Lealtad. Esto no significa que usted ha tomado el juramento o que se ha naturalizado. Si USCIS aprueba su Formulario N-400 para la naturalización, deberá asistir a una ceremonia de juramentación y prestar el Juramento de Lealtad a los Estados Unidos.

AVISO

NO COMPLETE LAS PARTES 16., 17., Y 18. HASTA QUE UN OFICIAL DE USCIS SE LO INDIQUE EN EL MOMENTO DE LA ENTREVISTA.

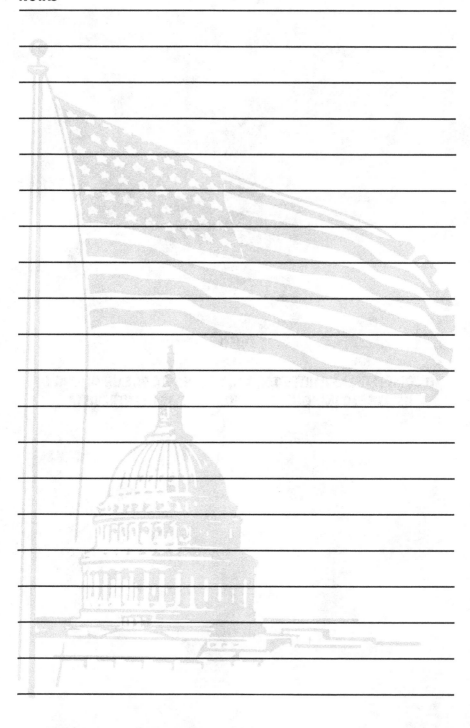

128 CIVICS QUESTIONS AND ANSWERS (2020 - 2021 VERSION)

These questions cover important topics about American government and history. The civics test is an oral test and the USCIS officer will ask you to answer 20 out of the 128 civics test questions.

You must answer at least 12 questions (or 60%) correctly to pass the 2020 version of the civics test.

AMERICAN GOVERNMENT

A: PRINCIPLES OF AMERICAN GOVERNMENT

1. What is the form of government of the United States?
- Republic
- Constitution-based federal republic
- Representative democracy

2. What is the supreme law of the land?
- (U.S.) Constitution

3. Name one thing the U.S. Constitution does.
- Forms the government
- Defines powers of government
- Defines the parts of government
- Protects the rights of the people

4. The U.S. Constitution starts with the words "We the People." What does "We the People" mean?
- Self-government
- Popular sovereignty
- Consent of the governed
- People should govern themselves
- (Example of) social contract

5. How are changes made to the U.S. Constitution?
- Amendments
- The amendment process

6. What does the Bill of Rights protect?
- (The basic) rights of Americans
- (The basic) rights of people living in the United States

7. How many amendments does the U.S. Constitution have?
- Twenty-seven (27)

8. Why is the Declaration of Independence important?
- It says America is free from British control.
- It says all people are created equal.
- It identifies inherent rights.

• It identifies individual freedoms.

9. What founding document said the American colonies were free from Britain?
• Declaration of Independence

10. Name two important ideas from the Declaration of Independence and the U.S. Constitution.
• Equality
• Liberty
• Social contract
• Natural rights
• Limited government
• Self-government

11. The words "Life, Liberty, and the pursuit of Happiness" are in what founding document?
• Declaration of Independence

12. What is the economic system of the United States?
• Capitalism
• Free market economy

13. What is the rule of law?
• Everyone must follow the law.
• Leaders must obey the law.
• Government must obey the law.
• No one is above the law.

14. Many documents influenced the U.S. Constitution. Name one.
• Declaration of Independence
• Articles of Confederation
• Federalist Papers
• Anti-Federalist Papers
• Virginia Declaration of Rights
• Fundamental Orders of Connecticut
• Mayflower Compact
• Iroquois Great Law of Peace

15. There are three branches of government. Why?
- So one part does not become too powerful
- Checks and balances
- Separation of powers

B: SYSTEM OF GOVERNMENT

16. Name the three branches of government.
- Legislative, executive, and judicial
- Congress, president, and the courts

17. The President of the United States is in charge of which branch of government?
- Executive branch

18. What part of the federal government writes laws?
- (U.S.) Congress
- (U.S. or national) legislature
- Legislative branch

19. What are the two parts of the U.S. Congress?
- Senate and House (of Representatives)

20. Name one power of the U.S. Congress.
- Writes laws
- Declares war
- Makes the federal budget

21. How many U.S. senators are there?
- One hundred (100)

22. How long is a term for a U.S. senator?
- Six (6) years

23. Who is one of your state's U.S. senators now?
- Answers will vary. [District of Columbia residents and residents of U.S. territories should answer that D.C. (or the territory where the applicant lives) has no U.S. senators.]

24. How many voting members are in the House of Representatives?
- Four hundred thirty-five (435)

25. How long is a term for a member of the House of Representatives?
- Two (2) years

26. Why do U.S. representatives serve shorter terms than U.S. senators?
- To more closely follow public opinion

27. How many senators does each state have?
- Two (2)

28. Why does each state have two senators?
- Equal representation (for small states)
- The Great Compromise (Connecticut Compromise)

29. Name your U.S. representative.
- Answers will vary. [Residents of territories with nonvoting Delegates or Resi
  dent Commissioners may provide the name of that Delegate or Commissioner.
  Also acceptable is any statement that the territory has no (voting) representati
  ves in Congress.]

30. What is the name of the Speaker of the House of Representatives now?
- Visit uscis.gov/citizenship/testupdates for the name of the Speaker of the
  House of Representatives.

31. Who does a U.S. senator represent?
- Citizens of their state

32. Who elects U.S. senators?
- Citizens from their state

33. Who does a member of the House of Representatives represent?
- Citizens in their (congressional) district

• Citizens in their district

34. Who elects members of the House of Representatives?
• Citizens from their (congressional) district

35. Some states have more representatives than other states. Why?
• (Because of) the state's population
• (Because) they have more people
• (Because) some states have more people

36. The President of the United States is elected for how many years?
• Four (4) years

37. The President of the United States can serve only two terms. Why?
• (Because of) the 22nd Amendment
• To keep the president from becoming too powerful

38. What is the name of the President of the United States now?
• Visit uscis.gov/citizenship/testupdates for the name of the President of the United States.

_____

39. What is the name of the Vice President of the United States now?
• Visit uscis.gov/citizenship/testupdates for the name of the Vice President of the United States.

_____

40. If the president can no longer serve, who becomes president?
• The Vice President (of the United States)

41. Name one power of the president.
• Signs bills into law
• Vetoes bills
• Enforces laws
• Commander in Chief (of the military)
• Chief diplomat

42. Who is Commander in Chief of the U.S. military?
• The President (of the United States)

43. Who signs bills to become laws?
• The President (of the United States)

44. Who vetoes bills?
• The President (of the United States)

45. Who appoints federal judges?
• The President (of the United States)

46. The executive branch has many parts. Name one.
• President (of the United States)
• Cabinet
• Federal departments and agencies

47. What does the President's Cabinet do?
• Advises the President (of the United States)

48. What are two Cabinet-level positions?
• Attorney General
• Secretary of Agriculture
• Secretary of Commerce
• Secretary of Defense
• Secretary of Education
• Secretary of Energy
• Secretary of Health and Human Services
• Secretary of Homeland Security
• Secretary of Housing and Urban Development
• Secretary of the Interior
• Secretary of Labor
• Secretary of State
• Secretary of Transportation
• Secretary of the Treasury
• Secretary of Veterans Affairs
• Vice President (of the United States)

49. Why is the Electoral College important?
• It decides who is elected president.

- It provides a compromise between the popular election of the president and congressional selection.

50. What is one part of the judicial branch?
- Supreme Court
- Federal Courts

51. What does the judicial branch do?
- Reviews laws
- Explains laws
- Resolves disputes (disagreements) about the law
- Decides if a law goes against the (U.S.) Constitution

52. What is the highest court in the United States?
- Supreme Court

53. How many seats are on the Supreme Court?
- Nine (9)

54. How many Supreme Court justices are usually needed to decide a case?
- Five (5)

55. How long do Supreme Court justices serve?
- (For) life
- Lifetime appointment
- (Until) retirement

56. Supreme Court justices serve for life. Why?
- To be independent (of politics)
- To limit outside (political) influence

57. Who is the Chief Justice of the United States now?
- Visit uscis.gov/citizenship/testupdates for the name of the Chief Justice of the United States.

58. Name one power that is only for the federal government.
- Print paper money

- Mint coins
- Declare war
- Create an army
- Make treaties
- Set foreign policy

59. Name one power that is only for the states.
- Provide schooling and education
- Provide protection (police)
- Provide safety (fire departments)
- Give a driver's license
- Approve zoning and land use

60. What is the purpose of the 10th Amendment?
- (It states that the) powers not given to the federal government belong to the states or to the people.

61. Who is the governor of your state now?
- Answers will vary. [District of Columbia residents should answer that D.C. does not have a governor.]

62. What is the capital of your state?
- Answers will vary. [District of Columbia residents should answer that D.C. is not a state and does not have a capital. Residents of U.S. territories should name the capital of the territory.]

C: RIGHTS AND RESPONSIBILITIES

63. There are four amendments to the U.S. Constitution about who can vote. Describe one of them.
- Citizens eighteen (18) and older (can vote).
- You don't have to pay (a poll tax) to vote.
- Any citizen can vote. (Women and men can vote.)
- A male citizen of any race (can vote).

64. Who can vote in federal elections, run for federal office, and serve on a jury in the United States?

- Citizens
- Citizens of the United States
- U.S. citizens

65. What are three rights of everyone living in the United States?

- Freedom of expression
- Freedom of speech
- Freedom of assembly
- Freedom to petition the government
- Freedom of religion
- The right to bear arms

66. What do we show loyalty to when we say the Pledge of Allegiance?

- The United States
- The flag

67. Name two promises that new citizens make in the Oath of Allegiance.

- Give up loyalty to other countries
- Defend the (U.S.) Constitution
- Obey the laws of the United States
- Serve in the military (if needed)
- Serve (help, do important work for) the nation (if needed)
- Be loyal to the United States

68. How can people become United States citizens?

- Naturalize
- Derive citizenship
- Be born in the United States

69. What are two examples of civic participation in the United States?

- Vote
- Run for office
- Join a political party
- Help with a campaign
- Join a civic group
- Join a community group

- Give an elected official your opinion (on an issue)
- Contact elected officials
- Support or oppose an issue or policy
- Write to a newspaper

70. What is one way Americans can serve their country?
- Vote
- Pay taxes
- Obey the law
- Serve in the military
- Run for office
- Work for local, state, or federal government

71. Why is it important to pay federal taxes?
- Required by law
- All people pay to fund the federal government
- Required by the (U.S.) Constitution (16th Amendment)
- Civic duty

72. It is important for all men age 18 through 25 to register for the Selective Service. Name one reason why.
- Required by law
- Civic duty
- Makes the draft fair, if needed

AMERICAN HISTORY
A: COLONIAL PERIOD AND INDEPENDENCE

73. The colonists came to America for many reasons. Name one.
- Freedom
- Political liberty
- Religious freedom
- Economic opportunity
- Escape persecution

74. Who lived in America before the Europeans arrived?
- American Indians
- Native Americans

75. What group of people was taken and sold as slaves?
- Africans
- People from Africa

76. What war did the Americans fight to win independence from Britain?
- American Revolution
- The (American) Revolutionary War
- War for (American) Independence

77. Name one reason why the Americans declared independence from Britain.
- High taxes
- Taxation without representation
- British soldiers stayed in Americans' houses (boarding, quartering)
- They did not have self-government
- Boston Massacre
- Boston Tea Party (Tea Act)
- Stamp Act
- Sugar Act
- Townshend Acts
- Intolerable (Coercive) Acts

78. Who wrote the Declaration of Independence?
- (Thomas) Jefferson

79. When was the Declaration of Independence adopted?
- July 4, 1776

80. The American Revolution had many important events. Name one.
- (Battle of) Bunker Hill
- Declaration of Independence
- Washington Crossing the Delaware (Battle of Trenton)
- (Battle of) Saratoga
- Valley Forge (Encampment)
- (Battle of) Yorktown (British surrender at Yorktown)

81. There were 13 original states. Name five.
- New Hampshire
- Rhode Island
- Massachusetts
- Connecticut

- New York
- Pennsylvania
- Maryland
- North Carolina
- Georgia
- New Jersey
- Delaware
- Virginia
- South Carolina

82. What founding document was written in 1787?
- (U.S.) Constitution

83. The Federalist Papers supported the passage of the U.S. Constitution. Name one of the writers.
- (James) Madison
- (Alexander) Hamilton
- (John) Jay
- Publius

84. Why were the Federalist Papers important?
- They helped people understand the (U.S.) Constitution.
- They supported passing the (U.S.) Constitution.

85. Benjamin Franklin is famous for many things. Name one.
- Founded the first free public libraries
- First Postmaster General of the United States
- Helped write the Declaration of Independence
- Inventor
- U.S. diplomat

86. George Washington is famous for many things. Name one.
- "Father of Our Country"
- First president of the United States
- General of the Continental Army
- President of the Constitutional Convention

87. Thomas Jefferson is famous for many things. Name one.
- Writer of the Declaration of Independence
- Third president of the United States
- Doubled the size of the United States (Louisiana Purchase)
- First Secretary of State
- Founded the University of Virginia
- Writer of the Virginia Statute on Religious Freedom

88. James Madison is famous for many things. Name one.
- "Father of the Constitution"
- Fourth president of the United States
- President during the War of 1812
- One of the writers of the Federalist Papers

89. Alexander Hamilton is famous for many things. Name one.
- First Secretary of the Treasury
- One of the writers of the Federalist Papers
- Helped establish the First Bank of the United States
- Aide to General George Washington
- Member of the Continental Congress

B: 1800s

90. What territory did the United States buy from France in 1803?
- Louisiana Territory
- Louisiana

91. Name one war fought by the United States in the 1800s.
- War of 1812
- Mexican-American War
- Civil War
- Spanish-American War

92. Name the U.S. war between the North and the South.
- The Civil War

93. The Civil War had many important events. Name one.
- (Battle of) Fort Sumter
- Emancipation Proclamation
- (Battle of) Vicksburg
- (Battle of) Gettysburg
- Sherman's March
- (Surrender at) Appomattox
- (Battle of) Antietam/Sharpsburg
- Lincoln was assassinated.

94. Abraham Lincoln is famous for many things. Name one.
- Freed the slaves (Emancipation Proclamation)

- Saved (or preserved) the Union
- Led the United States during the Civil War
- 16th president of the United States
- Delivered the Gettysburg Address

95. What did the Emancipation Proclamation do?
- Freed the slaves
- Freed slaves in the Confederacy
- Freed slaves in the Confederate states
- Freed slaves in most Southern states

96. What U.S. war ended slavery?
- The Civil War

97. What amendment gives citizenship to all persons born in the United States?
- 14th Amendment

98. When did all men get the right to vote?
- After the Civil War
- During Reconstruction
- (With the) 15th Amendment
- 1870

99. Name one leader of the women's rights movement in the 1800s.
- Susan B. Anthony
- Elizabeth Cady Stanton
- Sojourner Truth
- Harriet Tubman
- Lucretia Mott
- Lucy Stone

C: RECENT AMERICAN HISTORY AND OTHER IMPORTANT HISTORICAL INFORMATION

100. Name one war fought by the United States in the 1900s.
- World War I
- World War II
- Korean War
- Vietnam War

• (Persian) Gulf War

101. Why did the United States enter World War I?
• Because Germany attacked U.S. (civilian) ships
• To support the Allied Powers (England, France, Italy, and Russia)
• To oppose the Central Powers (Germany, Austria-Hungary, the Ottoman Empire, and Bulgaria)

102. When did all women get the right to vote?
• 1920
• After World War I
• (With the) 19th Amendment

103. What was the Great Depression?
• Longest economic recession in modern history

104. When did the Great Depression start?
• The Great Crash (1929)
• Stock market crash of 1929

105. Who was president during the Great Depression and World War II?
• (Franklin) Roosevelt

106. Why did the United States enter World War II?
• (Bombing of) Pearl Harbor
• Japanese attacked Pearl Harbor
• To support the Allied Powers (England, France, and Russia)
• To oppose the Axis Powers (Germany, Italy, and Japan)

107. Dwight Eisenhower is famous for many things. Name one.
• General during World War II
• President at the end of (during) the Korean War
• 34th president of the United States
• Signed the Federal-Aid Highway Act of 1956 (Created the Interstate System)

108. Who was the United States' main rival during the Cold War?
• Soviet Union
• USSR
• Russia

109. During the Cold War, what was one main concern of the United States?
- Communism
- Nuclear war

110. Why did the United States enter the Korean War?
- To stop the spread of communism

111. Why did the United States enter the Vietnam War?
- To stop the spread of communism

112. What did the civil rights movement do?
- Fought to end racial discrimination

113. Martin Luther King, Jr. is famous for many things. Name one.
- Fought for civil rights
- Worked for equality for all Americans
- Worked to ensure that people would "not be judged by the color of their skin, but by the content of their character"

114. Why did the United States enter the Persian Gulf War?
- To force the Iraqi military from Kuwait

115. What major event happened on September 11, 2001 in the United States?
- Terrorists attacked the United States
- Terrorists took over two planes and crashed them into the World Trade Center in New York City
- Terrorists took over a plane and crashed into the Pentagon in Arlington, Virginia
- Terrorists took over a plane originally aimed at Washington, D.C., and crashed in a field in Pennsylvania

116. Name one U.S. military conflict after the September 11, 2001 attacks.
- (Global) War on Terror
- War in Afghanistan
- War in Iraq

117. Name one American Indian tribe in the United States.

- Apache
- Blackfeet
- Cayuga
- Cherokee
- Cheyenne
- Chippewa
- Choctaw
- Creek
- Crow
- Hopi
- Huron
- Inupiat
- Lakota
- Mohawk
- Mohegan
- Navajo
- Oneida
- Onondaga
- Pueblo
- Seminole
- Seneca
- Shawnee
- Sioux
- Teton
- Tuscarora

For a complete list of tribes, please visit bia.gov.

118. Name one example of an American innovation.

- Light bulb
- Automobile (cars, combustible engine)
- Skyscrapers
- Airplane
- Assembly line
- Landing on the moon
- Integrated circuit (IC)

SYMBOLS AND HOLIDAYS

A: SYMBOLS

119. What is the capital of the United States?

- Washington, D.C.

120. Where is the Statue of Liberty?

- New York (Harbor)
- Liberty Island [Also acceptable are New Jersey, near New York City, and on the Hudson (River).]

121. Why does the flag have 13 stripes?

- (Because there were) 13 original colonies
- (Because the stripes) represent the original colonies

122. Why does the flag have 50 stars?

- (Because there is) one star for each state
- (Because) each star represents a state

• (Because there are) 50 states

123. What is the name of the national anthem?
• The Star-Spangled Banner

124. The Nation's first motto was "E Pluribus Unum." What does that mean?
• Out of many, one
• We all become one

B: HOLIDAYS

125. What is Independence Day?
• A holiday to celebrate U.S. independence (from Britain)
• The country's birthday

126. Name three national U.S. holidays.
• New Year's Day
• Martin Luther King, Jr. Day
• Presidents Day (Washington's Birthday)
• Memorial Day
• Independence Day
• Labor Day
• Columbus Day
• Veterans Day
• Thanksgiving Day
• Christmas Day

127. What is Memorial Day?
• A holiday to honor soldiers who died in military service

128. What is Veterans Day?
• A holiday to honor people in the (U.S.) military
• A holiday to honor people who have served (in the U.S. military)

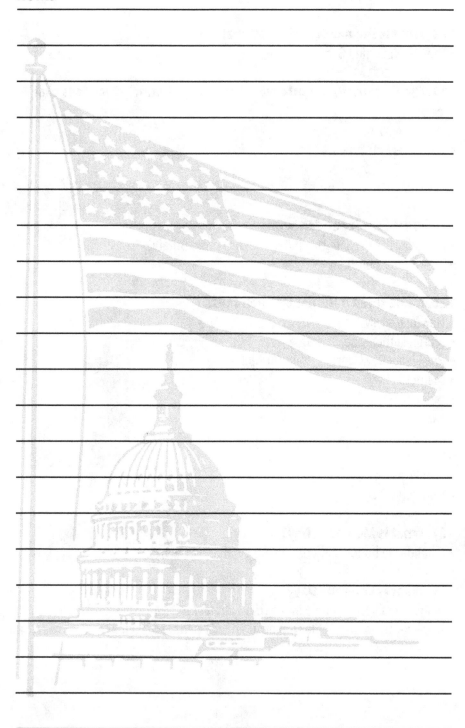

NOTAS

DEFINICIONES

A continuación veras todas las posibles definiciones de palabras que te pueden preguntar en la entrevista, las marcadas con un asterisco son las más comunes. Estas definiciones no siempre las preguntan pero es mejor ir preparado.

1. **Advocate, advocated** / defensor. ● **like or support an idea** / me gusta o apoyo una idea.

✶ 2. **Allegiance** / lealtad. ● **loyalty**/ lealtad.

3. **Armed forces** / fuerzas armadas. ● **army, military** / ejército, militar.

✶ 4. **Arrested** / detenido. ● **put into jail, arrested by the police** / encarcelado, detenido por la policía.

5. **Bear arms** / llevar armas. ● **carry a gun; to protect United States** / llevar una pistola; para proteger a los Estados Unidos.

6. **Called yourself a 'non-U.S. resident on income tax** / se llamó a si mismo un "no estadounidense residente en el impuesto sobre la renta. ● **lie and say you have no green card**/ miente y dice que no tiene tarjeta verde.

7. **Cited, citation** / citado, citación. ● **required to go to court (traffic ticket)** / requerido ir a la corte (ej. multa de tráfico).

8. **Civilian** / civil. ● **a person not in the Army** / una persona que no está en el ejército.

9. **Claim to be a US citizen** / afirmar ser ciudadano estadounidense. ● **lie and say you are a citizen, pretend to be a citizen** / mentir y decir que es ciudadano; pretender ser ciudadano.

10. **Conscript** / conscripto. ● **force someone to join a group** / obligar a alguien a unirse a un grupo.

11. **Constitution** / constitución. ● **the supreme law of the land** / la ley suprema de la tierra.

12. **Combat** / combate. ● **fighting** / lucha.

* 13. **Communist Party, Communism** / partido comunista, comunismo.

● **no freedom, a political party with no freedom** / sin libertad, un partido político sin libertad.

* 14. **Crime** / crimen.

● **something illegal, break the law** / algo ilegal; violar la ley.

* 15. **Deported, Deportation** / deportado, deportación.

● **sent back to your country by Immigration** / enviado de regreso a su país por inmigración.

16. **Detention facility** / centro de detención.

● **jail, a place where people are forced to stay** / cárcel, un lugar donde las personas se ven obligadas a quedarse.

* 17. **Discrimination** / discriminación.

● **to be unfair to people of different race** / ser injusto con personas de diferente raza.

* 18. **Drunkard/alcoholic** / borracho, alcohólico.

● **someone who drinks too much alcohol** / alguien que bebe demasiado alcohol.

19. **Enlist** / conseguir.

● **sign up someone to a group** / inscribir a alguien en un grupo.

20. **Failed to file taxes** / no presentó los impuestos.

● **did not send your required tax form** / no envió el formulario de impuestos requerido.

* 21. **File taxes** / declarar impuestos.

● **pay taxes; send in your income tax form** / pagar impuestos; envíe su formulario de impuesto sobre la renta.

22. **Force someone to have a sexual relation** / obligar a alguien a tener una relación sexual.

● **rape** / violación.

23. **Fraudulent** / fraudulento.

● **misleading, false** / engañoso; falso.

* 24. **Gamble, gambling** / apuesta, juego.
  ● **play games with money** / jugar con dinero.

* 25. **Genocide** / genocidio.
  ● **killing a large group of people** / matar a un gran grupo de personas.

* 26. **Guerilla group** / grupo guerrillero.
  ● **a group that uses weapons against the government, the military, police or other people** / un grupo que usa armas contra el gobierno, el ejército, la policía u otras personas.

27. **Help someone enter illegally** / ayudar a alguien a ingresar ilegalmente.
  ● **smuggle someone in to the country** / pasar de contrabando a alguien al país.

28. **Illegal** / ilegal.
  ● **against the law** / contra la ley. **illigal drugs or narcotics, like**

29. **Illegal drugs** / drogas ilegales.
  ● **cocaine** / drogas ilegales o narcóticos, como la cocaína.

30. **Insurgent organization** / organización insurgente.
  ● **a group that uses weapons against the government** / un grupo que usa armas contra el gobierno.

* 31. **Jail** / cárcel.
  ● **prison, a place for criminal** / **prisión**, un lugar para delincuentes.

32. **Kill** / matar.
  ● **make someone die** / hacer morir a alguien.

* 33. **Labor camp** / campo de trabajo.
  ● **a place where people are forced to work** / un lugar donde las personas se ven obligadas a trabajar.

34. **Law enforcement officer** / agente de la ley.
  ● **police** / policía.

✱ 35. **Lie** / mentira. ● **not the truth** / no es la verdad.

36. **Loyal** / leal. ● **give allegiance** / dar lealtad.

✱ 37. **Mental institution, Mental hospital** / institución mental, hospital mental. ● **a place for people with mental problems** / un lugar para personas con problemas mentales.

✱ 38. **Militia** / milicia. ● **an unofficial army** / un ejército no oficial.

39. **Misrepresentation** / tergiversación. ● **tell a lie, give false information** / decir una mentira; dar información falsa.

40. **Nazi** / nazi. ● **Hitler** / hitler.

41. **Noncombatant** / no combatiente. ● **not fighting** / no pelear.

42. **Nonresident** / no residente. ● **not a resident, does not have a green card** / no residente, no tiene una tarjeta verde.

✱ 43. **Oath** / juramento. ● **swear, promise** / jurar, promesa.

✱ 44. **Oath of Allegiance** / juramento de lealtad. ● **a promise to be loyal to the United States** / una promesa de ser leal a los Estados Unidos.

45. **Overdue** / atrasado. ● **late** / tarde.

46. **Overthrow the government by force or violence** / derrocar al gobierno por la fuerza o la violencia. ● **change the government with guns** / cambiar el gobierno con armas.

47. **Owe taxes** / debe impuestos. ● **did not pay the required taxes** / no pagó los impuestos requeridos.

48. Paramilitary unit / unidad paramilitar.

● **civilians organized to help the army in a military way** / civiles organizados para ayudar al ejército de manera militar.

49. Persecuted, persecution / perseguido, persecución.

● **hurt someone because they have a different race or religion** / lastimar a alguien porque tiene una raza o religión diferente.

50. Placed in an alternative sentencing or rehabilitative program / colocado en un programa alternativo de sentencia o rehabilitación.

● **go to rehab or a special hospital instead of jail** / ir a rehabilitación o un hospital especial en lugar de la cárcel.

51. Police unit / unidad de policía.

● **law officers** / oficiales de la ley.

52. Prison camp / campo de prisioneros.

● **a camp to punish political prisoners** / un campo para castigar a prisioneros políticos.

✳ **53. Prostitute, Prostitution** / prostituta / prostitución.

● **sex for money** / sexo por dinero.

✳ **54. Rebel group** / grupo rebelde.

● **a group that fights against the government** / un grupo que lucha contra el gobierno.

55. Received a suspended sentence, been placed on probation, been paroled / recibió una sentencia suspendida, fue puesto a prueba, fue puesto en libertad condicional.

● **have an early release from jail or have a warning period** / tener una liberación anticipada de la cárcel o tener un período de advertencia.

56. Recruit / reclutar.

● **ask someone to join a group** / pedirle a alguien que se una a un grupo.

57. Registered to vote / registrado para votar.

● **sign up to vote; apply to vote** / registrarse para votar; aplicar para votar.

58. **Religion** / religión.

● **believe in God** / creer en Dios.

59. **Renounce** / renunciar.

● **give up** / darse por vencido.

60. **Self-defense unit** / unidad de autodefensa.

● **a group of people who self-police their area** / un grupo de personas que vigilan su área.

✶ 61. **Smuggled** / de contrabando.

● **hide and bring something illegal** / esconderse y traer algo ilegal.

✶ 62. **Terrorist** / terrorista.

● **a violent person angry about the government; example Bin Laden, ISIS** / una persona violenta enojada por el gobierno; ejemplo Bin Laden, ISIS.

63. **Threaten** / amenazar.

● **tell someone you plan to hurt him** / decirle a alguien que planea lastimarlo.

64. **Title of nobility in any foreign country** / título de nobleza en cualquier país extranjero.

● **example is a King, Queen, Prince, Duque** / ejemplo es un Rey, Reina, Príncipe, Duque.

✶ 65. **Torture** / tortura.

● **bring terrible pain to someone** / traer dolor terrible a alguien.

66. **Totalitarian party** / partido totalitario.

● **no freedom, the government totally controls the people** / sin libertad; el gobierno controla totalmente a la gente.

✶ 67. **Truth** / verdad.

● **not a lie** / no una mentira.

68. **Vigilant unit** / unidad vigilante.

● **people who act like police but are not police** / personas que actúan como policías pero no son policías.

* 69. **Violence** / violencia.

● **use force or a weapon to hurt someone** / usar la fuerza o un arma para lastimar a alguien.

* 70. **Vote** / votar.

● **vote is to elect** / votar es elegir, (líder o ley)

71. **Weapon** / arma

● **a gun, knife, club, or bomb used for attacking or self defending** / arma, cuchillo, garrote o bomba utilizada para atacar o defenderse.

OTRAS DEFINICIONES

_____   _____

_____   _____

_____   _____

_____   _____

_____   _____

_____   _____

_____   _____

_____   _____

_____   _____

_____   _____

LECTURA

Practica la lectura hasta que lo domines, oraciones basadas en ejemplos reales.

1. What is the capital of the United States?
Cuál es la capital de los Estados Unidos?
R/
Washington D.C. is the capital of the United States.
Washington D.C. es la capital de los Estados Unidos.

2. Who was George Washington?
Quién fue George Washington?
R/
Washington was the first President.
Washington fue el primer presidente.

3. What are the colors of the American flag?
Cuáles son los colores de la bandera estadounidense?
R/
The flag is red, white and blue.
La bandera es roja, blanca y azul.

4. Who was Abraham Lincoln?
Quién fue Abraham Lincoln?
R/
Lincoln was President during the Civil War.
Lincoln fue presidente durante la Guerra Civil.

5. When is Flag Day?
Cuándo es el día de la bandera?
R/
Flag Day is in June.
El día de la bandera es en junio.

6. When is Memorial Day?
Cuándo es el día de los caídos?
R/
Memorial Day is in May.
Memorial Day es en Mayo.

7. What was the first U.S capital?
Cuál fue la primera capital de EE. UU.?
R/
New York city was the first capital.
La ciudad de Nueva York fue la primera capital.

8. Who elects Congress?
Quién elige el Congreso?
R/
The people elect Congress.
La gente elige el Congreso.

9. How many states do we have?
Cuántos estados tenemos?
R/
The United States has 50 states.
Estados Unidos tiene 50 estados.

10. What state has the most people?
Qué estado tiene más gente?
R/
California has the most people.
California tiene la mayoría de la gente.

11. How many senators do we have?
Cuántos senadores tenemos?
R/
We have 100 Senators.
Tenemos 100 senadores.

12. What country is north of the United State?
Qué país está al norte de los Estados Unidos?
R/
Canada is north of the United States.
Canadá está al norte de los Estados Unidos.

13. Where does Congress meet?
Dónde se reúne el Congreso?
R/
Congress meets in Washington D.C.
El Congreso se reúne en Washington D.C.

14. What is the largest state?
Cuál es el estado más grande?
R/
Alaska is the largest state.
Alaska es el estado más grande.

15. When do we vote for President?
Cuándo votamos por el Presidente?
R/
We vote for President in November.
Votamos por el Presidente en Noviembre.

16. What country is south of the United States?
Qué país está al sur de los Estados Unidos?
R/
Mexico is south of the United States.
México se encuentra al sur de los Estados Unidos.

17. Where does the President live?
Dónde vive el presidente?
R/
The President live in the White House.
El Presidente vive en la Casa Blanca.

18. Who lived here first?
Quién vivió aquí primero?
R/
American Indians lived here first.
Los indios americanos vivieron aquí primero.

19. Where is the White House?
Donde esta la Casa Blanca?
R/
The White House is in Washington D.C.
La Casa Blanca está en Washington D.C.

20. Why do people come to America?
Por qué la gente viene a América?
R/
People come here to be free.
La gente viene aquí para ser libre.

21. When is Labor Day?
Cuándo es el día del trabajo?
R/
Labor Day is in September.
El día del trabajo es en septiembre.

22. When is Columbus Day?
Cuándo es el día de Colón?
R/
Columbus Day is in October.
El día de Colón es en Octubre.

23. What do we have to pay to the government?
Qué tenemos que pagar al gobierno?
R/
We have to pay taxes.
Nosotros tenemos que pagar impuestos.

24. When is Thanksgiving ?
Cuando es Acción de Gracias ?
R/
Thanksgiving is in November.
El día de Acción de Gracias es en Noviembre.

25. What do people want?
Qué quiere la gente?

R/

People want to vote.
La gente quiere votar.

26. What was the first U.S. state?
Cuál fue el primer estado de EE. UU.?

R/

Delaware was the first state.
Delaware fue el primer estado.

27. Who can vote?
Quién puede votar?

R/

Citizens can vote.
Los ciudadanos pueden votar.

28. Who is the Father of Our Country?
Quién es el padre de nuestro país?

R/

Washington is the Father of Our Country.
Washington es el padre de nuestro país.

29. Who was the first President?
Quién fue el primer presidente?

R/

Washington was the first President.
Washington fue el primer presidente.

30. When is Independence Day?
Cuando es el día de la Independencia?

R/

Independence Day is in July.
El día de la Independencia es en Julio.

31. Who lives in the White House?
Quién vive en la Casa Blanca?
R/
The President lives in the White House.
El presidente vive en la Casa Blanca.

32. What President is on the dollar bill?
Qué presidente está en el billete de un dólar?
R/
Washington is on the dollar bill.
Washington está en el billete de un dólar.

33. Who was the second President of the United States?
Quién fue el segundo Presidente de los Estados Unidos?
R/
Adams was the second President of the United States.
Adams fue el segundo presidente de los Estados Unidos.

34. When is Presidents Day?
Cuándo es el día del presidente?
R/
Presidents Day is in February.
El día del Presidente es en Febrero.

35. What is one right in the United States?
Cuál es un derecho en los Estados Unidos?
R/
Freedom of speech is one right in the United States.
La libertad de expresión es un derecho en los Estados Unidos.

36. Who elects the President of the United States?
Quién elige al presidente de los Estados Unidos?
R/
Citizens elect the President of the United States.
Los ciudadanos eligen al presidente de los Estados Unidos.

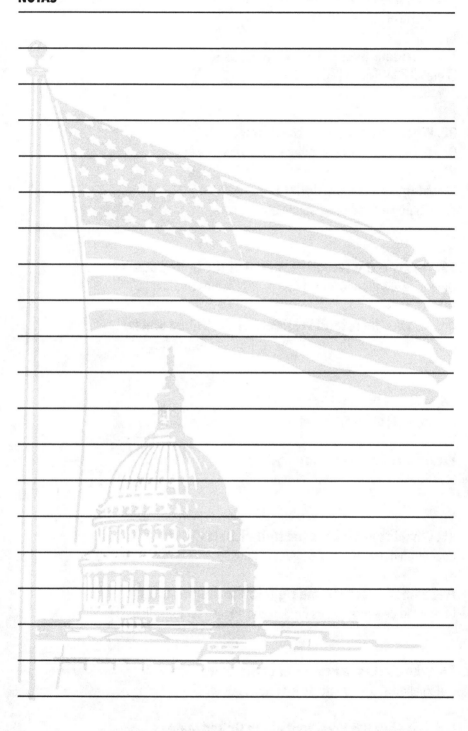

LECTURA + ESCRITURA

Este ejercicio de escribir la misma palabra varias veces, te ayudara a recordarla con mayor facilidad el contenido, importante tanto para la lectura como para la escritura en general.

a

_____

_____

_____

_____

_____

American Flag

_____

_____

_____

_____

_____

Abraham Lincoln

_____

_____

_____

_____

_____

are

_____

_____

_____

_____

_____

America

_____

_____

_____

_____

_____

be

_____

_____

_____

_____

_____

Bill of Rights

_____

_____

_____

_____

_____

citizen

_____

_____

_____

_____

_____

can

_____

_____

_____

_____

_____

city

_____

_____

_____

_____

_____

capital

_____

_____

_____

_____

_____

colors

_____

_____

_____

_____

_____

Columbus Day

country

come

do

Congress

does

dollar bill

_____

_____

_____

_____

_____

elects

_____

_____

_____

_____

_____

Fathers of Our Country

_____

_____

_____

_____

_____

first

_____

_____

_____

_____

_____

Flag Day

_____

_____

_____

_____

_____

for

_____

_____

_____

_____

_____

George Washington

_____
_____
_____
_____
_____
_____

government

_____
_____
_____
_____
_____

has

_____
_____
_____
_____
_____

have

_____
_____
_____
_____
_____

here

_____
_____
_____
_____
_____

How

_____
_____
_____
_____
_____

in

_____

_____

_____

_____

_____

Independence Day

_____

_____

_____

_____

_____

is

_____

_____

_____

_____

_____

_____

Labor Day

_____

_____

_____

_____

_____

largest

_____

_____

_____

_____

_____

lived

_____

_____

_____

_____

_____

lives

_____
_____
_____
_____
_____

many

_____
_____
_____
_____
_____

meet

_____
_____
_____
_____
_____

Memorial Day

_____
_____
_____
_____
_____

most

_____
_____
_____
_____
_____

name

_____
_____
_____
_____
_____

north

_____
_____
_____
_____
_____

of

_____
_____
_____
_____
_____

on

_____
_____
_____
_____
_____

one

_____
_____
_____
_____
_____

pay

_____
_____
_____
_____
_____

people

_____
_____
_____
_____
_____

President

_____
_____
_____
_____
_____

Presidents Day

_____
_____
_____
_____
_____

right

_____
_____
_____
_____
_____

second

_____
_____
_____
_____
_____

Senators

_____
_____
_____
_____
_____

south

_____
_____
_____
_____
_____

state

_____

_____

_____

_____

_____

states

_____

_____

_____

_____

_____

Thanksgiving

_____

_____

_____

_____

_____

the

_____

_____

_____

_____

_____

to

_____

_____

_____

_____

_____

United States

_____

_____

_____

_____

_____

U.S.

_____

_____

_____

_____

_____

_____

vote

_____

_____

_____

_____

_____

want

_____

_____

_____

_____

_____

was

_____

_____

_____

_____

_____

we

_____

_____

_____

_____

_____

What

_____

_____

_____

_____

_____

When

_____

_____

_____

_____

_____

Who

_____

_____

_____

_____

_____

Where

_____

_____

_____

_____

_____

Why

_____

_____

_____

_____

_____

White House

_____

_____

_____

_____

_____

_____

_____

_____

_____

_____

NOTAS

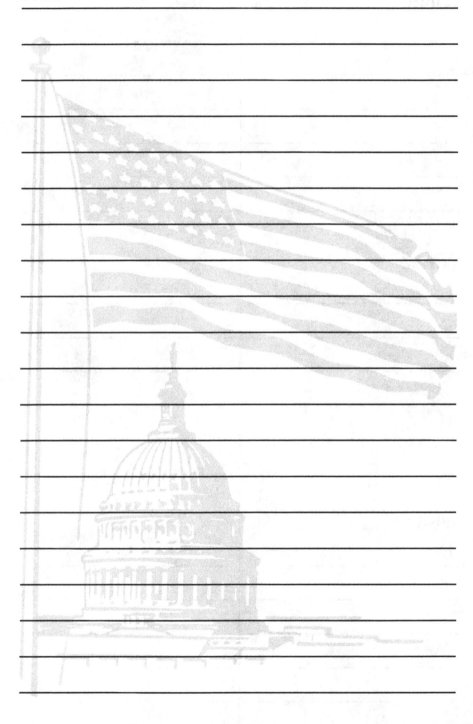

ESCRITURA

Practica la escritura hasta que lo domines, oraciones basadas en ejemplos reales.

1. The President lives in the White House.
El Presidente vive en la Casa Blanca.

_____

_____

_____

2. United States citizens have the right to vote.
Los ciudadanos de los Estados Unidos tienen el derecho de votar.

_____

_____

_____

3. The United States has fifty states.
Estados Unidos tiene cincuenta estados.

_____

_____

_____

4. The White House is in Washington D.C.
La Casa Blanca esta en Washington D.C.

_____

_____

_____

_____

5. Congress meets in Washington D.C.

El Congreso se reúne en Washington D.C.

_____

_____

_____

6. People vote for the President in November.

Las personas votan para elegir al Presidente en Noviembre.

_____

_____

_____

7. The President lives in Washington D.C.

El Presidente vive en Washington D.C.

_____

_____

_____

8. Adams was the second President.

Adams fue el segundo Presidente.

_____

_____

_____

_____

9. Alaska is the largest state.

Alaska es el estado más grande.

_____

_____

_____

10. Canada is to the north of the United States.

Canadá se localiza al norte de los Estado Unidos.

_____

_____

_____

11. Columbus Day is in October.

El día de Cristobal Colon (Columbus) es en Octubre.

_____

_____

_____

12. Delaware was the first state of United States.

Delaware fue el primer estado de los Estados Unidos.

_____

_____

_____

_____

13. Washington was the first President.
Washington fue el primer Presidente.

_____

_____

_____

14. Independence Day is in July.
El día de la Independencia es en Julio.

_____

_____

15. Labor Day is in September.
El día del Trabajo es en Septiembre.

_____

_____

16. Lincoln was the President during the Civil War.
Lincoln era el Presidente durante la Guerra Civil.

_____

_____

_____

17. Memorial Day is in May.
El día de la Recordación es en Mayo.

_____

_____

_____

18. Mexico is to the south of the United States.
México se localiza al sur de los Estados Unidos.

_____

_____

_____

19. New York city was the first capital.
La ciudad de Nueva York fue la primera capital.

_____

_____

_____

20. New York city has the most people.
La ciudad de Nueva York es la más poblada.

_____

_____

_____

21. Presidents Day is in February.
El día de los Presidentes es en Febrero.

_____

_____

_____

22. Thanksgiving is in November.
El día de Acción de Gracias es en Noviembre.

_____

_____

_____

23. The capital of the United States is Washington D.C.
La capital de los Estados Unidos es Washington D.C.

_____

_____

_____

24. The citizens elect Congress.
Los ciudadanos eligen el Congreso.

_____

_____

_____

_____

25. The United States has 100 senators.
Los Estados Unidos tienen 100 senadores.

_____

_____

_____

26. President Washington is on the one-dollar bill.
El Presidente Washington aparece en el billete de un dolar.

_____

_____

_____

27. President Washington is the Father of Our Country.
El Presidente Washington es el padre de nuestra nación.

_____

_____

_____

28. The United States flag is red, white and blue.
La bandera de los Estados Unidos es roja, blanca y azul.

_____

_____

_____

_____

29. We the people of the United States.
Nosotros, el pueblo de los Estados Unidos.

_____

_____

_____

30. Congress has 100 senators.
El Congreso tiene 100 senadores.

_____

_____

_____

31. American Indians lived here first.
Los Indios Americanos vivieron aquí primero.

_____

_____

_____

32. Flag Day is in June.
El día de la Bandera es en Junio.

_____

_____

_____

NOTAS

ESCRITURA + VOCABULARIO

Practica la escritura hasta que lo domines, palabras basadas en el vocabulario general de la entrevista.

Adams

_____

_____

_____

_____

_____

Alaska

_____

_____

_____

_____

_____

American Indians

_____

_____

_____

_____

_____

and

_____

_____

_____

_____

_____

be

_____

_____

_____

_____

_____

blue

_____

_____

_____

_____

_____

California

_____
_____
_____
_____
_____

can

_____
_____
_____
_____
_____

Canada

_____
_____
_____
_____
_____

capital

_____
_____
_____
_____
_____

citizens

_____
_____
_____
_____
_____

Civil War

_____
_____
_____
_____
_____

Columbus Day

_____

_____

_____

_____

_____

come

_____

_____

_____

_____

_____

Congress

_____

_____

_____

_____

_____

Delaware

_____

_____

_____

_____

_____

dollar bill

_____

_____

_____

_____

_____

during

_____

_____

_____

_____

_____

elect

_____
_____
_____
_____
_____

Father of Our Country

_____
_____
_____
_____

February

_____
_____
_____
_____

fifty

_____
_____
_____
_____
_____

50

_____
_____
_____
_____

first

_____
_____
_____
_____

flag

free

Flag Day

freedon of speech

for

has

have

Independence Day

here

is

in

July

June

_____

_____

_____

_____

_____

_____

Labor Day

_____

_____

_____

_____

_____

largest

_____

_____

_____

_____

_____

Lincoln

_____

_____

_____

_____

_____

_____

lived

_____

_____

_____

_____

_____

lives

_____

_____

_____

_____

_____

May

_____

_____

_____

_____

_____

meets

_____

_____

_____

_____

Memorial Day

_____

_____

_____

_____

Mexico

_____

_____

_____

_____

_____

most

_____

_____

_____

_____

New York City

_____

_____

_____

_____

_____

north

_____

_____

_____

_____

_____

November

_____

_____

_____

_____

_____

October

_____

_____

_____

_____

_____

of

_____

_____

_____

_____

_____

on

_____

_____

_____

_____

_____

one

_____

_____

_____

_____

_____

one hundred

_____

_____

_____

_____

_____

_____

100

_____

_____

_____

_____

_____

pay

_____

_____

_____

_____

_____

people

_____

_____

_____

_____

_____

_____

President

_____

_____

_____

_____

_____

Presidents Day

_____

_____

_____

_____

_____

red

_____

_____

_____

_____

_____

_____

right

_____

_____

_____

_____

_____

_____

second

_____

_____

_____

_____

_____

_____

Senators

_____

_____

_____

_____

_____

_____

September

_____

_____

_____

_____

_____

_____

south

_____

_____

_____

_____

_____

_____

state

_____
_____
_____
_____
_____
_____

states

_____
_____
_____
_____
_____
_____

taxes

_____
_____
_____
_____
_____
_____

Thanksgiving

_____
_____
_____
_____
_____
_____

the

_____
_____
_____
_____
_____
_____

to

_____
_____
_____
_____
_____
_____

United States

_____

_____

_____

_____

_____

vote

_____

_____

_____

_____

_____

want

_____

_____

_____

_____

_____

was

_____

_____

_____

_____

_____

Washington

_____

_____

_____

_____

_____

Washington D.C.

_____

_____

_____

_____

_____

we

_____

_____

_____

_____

_____

_____

white

_____

_____

_____

_____

_____

White House

_____

_____

_____

_____

_____

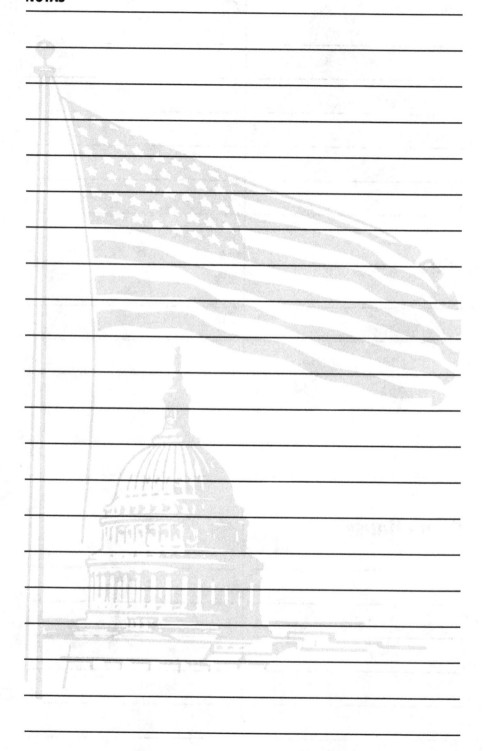

VOCABULARIO GENERAL

READING VOCABULARY

PEOPLE
- Abraham Lincoln
- George Washington

CIVICS
- Americab flags
- Bill of Rights
- capital
- citizen
- city
- Congress
- country
- Father of Our Country
- government
- President
- right
- Senators
- state/ states
- White House

PLACES
- America
- United States
- U.S.

HOLIDAYS
- President´s Day
- Memorial Day
- Flag Day
- Independence Day
- Labor Day
- Columbus Day
- Thanksgiving

QUESTION WORDS
- How
- When
- Who
- What
- Where
- Why

VERBS
- can
- do/does
- have/ has
- lives/ lived
- name
- vote
- come
- elects
- is/are/was/be
- meet
- pay
- want

OTHER (FUNCTION)
- a
- here
- of
- the
- we
- for
- in
- on
- to

OTHER (CONTENT)
- colors
- first
- many
- north
- people
- south
- dollar bill
- largest
- most
- one
- second

WRITING VOCABULARY

PEOPLE
- Adams
- Washington
- Lincoln

CIVICS
- America Indians
- capital
- citizens
- Civil War
- Congress
- Father of Our Countru
- flag
- free
- freedom of speech
- President
- right
- Senators
- State/ States

PLACES
- Alaska
- California
- Canada
- Delaware
- Mexico
- New York City
- United Stated
- Washington
- Washington D.C.

MONTHS
-February
- May
- June
- July
- September
- October
- November

HOLIDAYS
- Presidents´Day
- Memorial Day
- Flag Day
- Independence Day
- Labor Day
- Columbus Day
- Thanksgiving

VERBS
- can
- elect
- is/ was/ be
- meets
- vote
- come
- have/ has
- lives/ lived
- pay
- want

OTHERS (FUNCTION)
- and
- for
- in
- on
- to
- during
- here
- of
- the
- we

OTHERS (CONTENT)
- blue
- fifty/ 50
- largest
- north
- one hundred/ 100
- red
- south
- white
- dollar bill
- first
- most
- one
- people
- second
- taxes

NOTAS

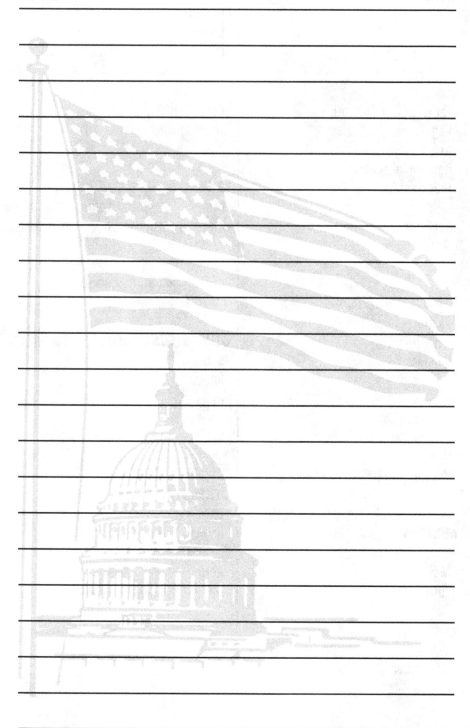

CIVICS QUESTIONS AND ANSWERS FOR THE 65/20 SPECIAL CONSIDERATION (2020 VERSION)

The Immigration and Nationality Law provides a consideration especially to applicants who, when submitting their Form N-400, Application for Naturalization, are 65 or older and have been living in the United States as lawful permanent residents for at least 20 years.

Applicants who qualify for 65/20 special consideration are exempt from the English requirements and may take the civics test in the language of their choice.

If you qualify for special consideration 65/20, a USCIS officer will ask you to answer 10 of the 20 questions on the civics, you must answer at least 6 out of 10 questions (or 60%) correctly to pass the 2020 version of the civics exam.

AMERICAN GOVERNMENT

A: PRINCIPLES OF AMERICAN GOVERNMENT

1. What is the supreme law of the land?
- (U.S.) Constitution

2. How many amendments does the U.S. Constitution have?
- Twenty-seven (27)

3. What is the economic system of the United States?
- Capitalism
- Free market economy

B: SYSTEM OF GOVERNMENT

4. Name one power of the U.S. Congress.
- Writes laws
- Declares war
- Makes the federal budget

5. What is the name of the Speaker of the House of Representatives now?
- Visit uscis.gov/citizenship/testupdates for the name of the Speaker of the House of Representatives.

6. The President of the United States is elected for how many years?
- Four (4) years

7. What is the name of the President of the United States now?
- Visit uscis.gov/citizenship/testupdates for the name of the President of the United States.

8. What is the name of the Vice President of the United States now?
- Visit uscis.gov/citizenship/testupdates for the name of the Vice President of the United States.

9. Who vetoes bills?
- The President (of the United States)

10. What is the highest court in the United States?
- Supreme Court

11. Who is the governor of your state now?
- Answers will vary. [District of Columbia residents should answer that D.C. does not have a governor.]

C: RIGHTS AND RESPONSIBILITIES

12. What do we show loyalty to when we say the Pledge of Allegiance?
- The United States
- The flag

AMERICAN HISTORY
A: COLONIAL PERIOD AND INDEPENDENCE

13. Who lived in America before the Europeans arrived?
- American Indians
- Native Americans

14. Who wrote the Declaration of Independence?
- (Thomas) Jefferson

15. George Washington is famous for many things. Name one.
- "Father of Our Country"
- First president of the United States
- General of the Continental Army
- President of the Constitutional Convention

B: 1800S

16. Abraham Lincoln is famous for many things. Name one.
- Freed the slaves (Emancipation Proclamation)
- Saved (or preserved) the Union
- Led the United States during the Civil War
- 16th president of the United States
- Delivered the Gettysburg Address

17. Martin Luther King, Jr. is famous for many things. Name one.
- Fought for civil rights
- Worked for equality for all Americans
- Worked to ensure that people would "not be judged by the color of their skin, but by the content of their character"

18. What major event happened on September 11, 2001 in the United States?
- Terrorists attacked the United States
- Terrorists took over two planes and crashed them into the World Trade Center in New York City
- Terrorists took over a plane and crashed into the Pentagon in Arlington, Virginia
- Terrorists took over a plane originally aimed at Washington, D.C., and crashed in a field in Pennsylvania

SYMBOLS AND HOLIDAYS
A: SYMBOLS

19. Why does the flag have 13 stripes?
- (Because there were) 13 original colonies
- (Because the stripes) represent the original colonies

B: HOLIDAYS

20. Name three national U.S. holidays.
- New Year's Day
- Martin Luther King, Jr. Day
- Presidents Day (Washington's Birthday)
- Memorial Day
- Independence Day
- Labor Day
- Columbus Day
- Veterans Day
- Thanksgiving Day
- Christmas Day

128 PREGUNTAS Y RESPUESTAS SOBRE EDUCACIÓN CÍVICA (VERSIÓN 2020-2021)

Estas preguntas cubren temas importantes sobre el gobierno y la historia de Estados Unidos. El examen de civismo es un examen oral y el oficial de USCIS le pedirá que responda 20 de las 128 preguntas del examen de civismo.

Debe responder al menos 12 preguntas (o el 60%) correctamente para aprobar la versión 2020 del examen de educación cívica.

GOBIERNO AMERICANO

A: PRINCIPIOS DEL GOBIERNO ESTADOUNIDENSE

1. ¿Cuál es la forma de gobierno de los Estados Unidos?
- República
- República federal constitucional
- Democracia representativa

2. ¿Cuál es la ley suprema del país?
- La Constitución de los EE.UU.

3. Nombra una cosa que hace la Constitución de los Estados Unidos.
- Forma el gobierno
- Define los poderes del gobierno
- Define las partes del gobierno
- Protege los derechos de las personas

4. La Constitución de los Estados Unidos comienza con las palabras "Nosotros el Pueblo". ¿Qué significa "Nosotros el Pueblo"?
- Autogobierno
- Soberanía popular
- Consentimiento de los gobernados
- Las personas deben gobernarse a sí mismas
- (Ejemplo de) contrato social

5. ¿Cómo se hacen los cambios a la Constitución de los Estados Unidos?
- Enmiendas
- El proceso de Enmienda

6. ¿Qué protege la Declaración de Derechos?
- Los derechos (básicos) de los estadounidenses
- Los derechos (básicos) de las personas que viven en los Estados Unidos

7. ¿Cuántas Enmiendas tiene la Constitución de los Estados Unidos?
- Veintisiete (27)

8. ¿Por qué es importante la Declaración de Independencia?
- Dice que Estados Unidos está libre del control británico.
- Dice que todas las personas son iguales.

- Identifica derechos inherentes.
- Identifica las libertades individuales.

9. ¿Qué documento fundacional dijo que las Colonias americanas estaban libres de Gran Bretaña?

- La Declaración de Independencia

10. Nombra dos ideas importantes de la Declaración de Independencia y la Constitución de los Estados Unidos.

- Igualdad
- Libertad
- Contrato Social
- Derechos Naturales
- Gobierno Limitado
- Autogobierno

11. ¿En qué documento fundacional se encuentran las palabras "Vida, Libertad y la Búsqueda de la Felicidad"?

- En la Declaración de Independencia

12. ¿Cuál es el sistema económico de Estados Unidos?

- Capitalismo
- Economía de Libre Mercado

13. ¿Qué es el Estado de Derecho o Imperio de la Ley?

- Todos deben seguir la Ley.
- Los líderes deben obedecer la Ley.
- El gobierno debe obedecer la Ley.
- Nadie está por encima de la Ley.

14. Muchos documentos influyeron en la Constitución de Estados Unidos. Nombra uno.

- Declaración de Independencia
- Artículos de la Confederación
- Papeles Federalistas
- Papeles Anti-Federalistas
- Declaración de Derechos de Virginia
- Órdenes Fundamentales de Connecticut
- Pacto de Mayflower
- (Gran Ley de Paz) o (Confederación Iroquesa)

15. Hay tres ramas del gobierno. ¿Por qué?
• Para que una parte no se vuelva demasiado poderosa
• Controles y Balances
• Separación de poderes

B: SISTEMA DE GOBIERNO

16. Nombre las tres ramas del gobierno.
• Legislativo, Ejecutivo y Judicial
• Congreso, Presidente y Tribunales

17. ¿El presidente de los Estados Unidos está a cargo de qué rama del gobierno?
• Rama Ejecutiva

18. ¿Qué parte del Gobierno Federal crea las leyes?
• Congreso (de EE.UU.)
• Legislatura (Nacional, de EE.UU.)
• El Poder Legislativo

19. ¿Cuáles son las dos partes del Congreso de los Estados Unidos?
• Senado y la Cámara de Representantes

20. Nombre un poder del Congreso de los Estados Unidos.
• Escribe leyes
• Declara la guerra
• Hace el Presupuesto Federal

21. ¿Cuántos senadores estadounidenses hay?
• Cien (100)

22. ¿Cuánto tiempo dura el mandato de un senador de los Estados Unidos?
• Seis (6) años

23. ¿Quién es uno de los senadores estadounidenses de su estado ahora?
• Las respuestas variarán. [Los residentes del Distrito de Columbia y los residen
tes de los territorios de EE. UU. Deben responder que D.C. (o el territorio donde
vive el solicitante) no tiene senadores de EE. UU.]

24. ¿Cuántos miembros votantes hay en la Cámara de Representantes?
- Cuatrocientos treinta y cinco (435)

25. ¿Cuánto tiempo dura el mandato de un miembro de la Cámara de Representantes?
- Dos (2) años

26. ¿Por qué los representantes de EE. UU. Sirven períodos más breves que los senadores de EE. UU.?
- Para seguir más de cerca la opinión pública

27. ¿Cuántos senadores tiene cada estado?
- Dos (2)

28. ¿Por qué cada estado tiene dos senadores?
- Representación equitativa (para estados pequeños)
- El Gran Compromiso (Compromiso de Connecticut)

29. Nombre a su Representante de EE. UU.
- Las respuestas variarán. [Los residentes de territorios con Delegados sin derecho a voto o Comisionados residentes pueden proporcionar el nombre de ese Delegado o Comisionado. También es aceptable cualquier declaración de que el territorio no tiene representantes (votantes) en el Congreso.]

30. ¿Cómo se llama ahora el presidente de la Cámara de Representantes?
- Visite uscis.gov/citizenship/testupdates para obtener el nombre del presidente de la Cámara de Representantes.

31. ¿A quién representa un senador de los Estados Unidos?
- A los ciudadanos de su estado

32. ¿Quién elige a los senadores estadounidenses?
- Ciudadanos de su estado

33. ¿A quién representa un miembro de la Cámara de Representantes?
- Ciudadanos en su Distrito (del Congreso)
- Ciudadanos de su Distrito

34. ¿Quién elige a los miembros de la Cámara de Representantes?
- Ciudadanos de su Distrito (del Congreso)

35. Algunos estados tienen más representantes que otros estados. ¿Por qué?
- (Debido a) la población del estado
- (Porque) tienen más gente
- (Porque) algunos estados tienen más gente

36. ¿El presidente de los Estados Unidos es elegido por cuántos años?
- Cuatro (4) años

37. El presidente de los Estados Unidos solo puede cumplir dos mandatos. ¿Por qué?
- (Debido a) la 22ª Enmienda
- Para evitar que el presidente se vuelva demasiado poderoso

38. ¿Cómo se llama ahora el presidente de los Estados Unidos?
- Visite uscis.gov/citizenship/testupdates para conocer el nombre del presidente de los Estados Unidos.

39. ¿Cómo se llama ahora el vicepresidente de los Estados Unidos?
- Visite uscis.gov/citizenship/testupdates para conocer el nombre del vicepresidente de los Estados Unidos.

40. Si el presidente ya no puede servir, ¿quién se convierte en presidente?
- El vicepresidente (de los Estados Unidos)

41. Nombra un poder del presidente.
- Firma proyectos de ley
- Veta proyectos de ley
- Hace cumplir las leyes
- Comandante en Jefe (de las Fuerzas Armadas)
- Jefe Diplomático

42. ¿Quién es el Comandante en Jefe del ejército de los Estados Unidos?
- El presidente de los Estados Unidos

43. ¿Quién firma los proyectos de ley para convertirse en leyes?
• El presidente de los Estados Unidos

44. ¿Quién veta los proyectos de ley?
• El presidente de los Estados Unidos

45. ¿Quién nombra a los jueces federales?
• El presidente de los Estados Unidos

46. El poder ejecutivo tiene muchas partes. Nombra uno.
• Presidente de los Estados Unidos
• Gabinete
• Departamentos y agencias federales

47. ¿Qué hace el Gabinete del Presidente?
• Asesora al presidente (de los Estados Unidos)

48. ¿Cuáles son dos puestos a nivel de gabinete?
• Fiscal General
• Secretario de Agricultura
• Secretario de Comercio
• Secretario de Defensa
• Secretario de Educación
• Secretaría de Energía
• Secretario de Salud y Servicios Humanos
• Secretario de Seguridad Nacional
• Secretaría de Vivienda y Desarrollo Urbano
• Secretario de Gobernación
• Secretario de Trabajo
• Secretario de Estado
• Secretario de Transporte
• Secretario del Tesoro
• Secretario de Asuntos de Veteranos
• Vicepresidente (de los Estados Unidos)

49. ¿Por qué es importante el Colegio Electoral?
• Decide quién es elegido presidente.
• Proporciona un compromiso entre la elección popular del presidente y la selección del Congreso.

50. ¿Qué es una parte del poder judicial?
- Corte Suprema
- Tribunales Federales

51. ¿Qué hace el poder judicial?
- Revisa leyes
- Explica las leyes
- Resuelve disputas (desacuerdos) sobre la ley
- Decide si una ley va en contra de la Constitución de EE.UU.

52. ¿Cuál es el tribunal más alto de los Estados Unidos?
- La Corte Suprema

53. ¿Cuántos escaños hay en la Corte Suprema?
- Nueve (9)

54. ¿Cuántos jueces de la Corte Suprema se necesitan normalmente para decidir un caso?
- Cinco (5)

55. ¿Cuánto tiempo sirven los jueces de la Corte Suprema?
- Por vida
- Cita de por vida
- Hasta la jubilación

56. Los jueces de la Corte Suprema sirven de por vida. ¿Por qué?
- Ser independiente (de la política)
- Para limitar la influencia (política) externa

57. ¿Quién es el presidente del Tribunal Supremo de los Estados Unidos ahora?
- Visite uscis.gov/citizenship/testupdates para conocer el nombre del Presidente del Tribunal Supremo de los Estados Unidos.

58. Nombra un poder que sea exclusivo del gobierno federal.
- Imprimir billetes
- Monedas de menta
- Declarar la guerra
- Crea un ejército
- Hacer tratados

• Establecer la política exterior

59. Nombra un poder que sea solo para los estados.

• Proporcionar escolarización y educación
• Brindar protección (policía)
• Proporcionar seguridad (departamentos de bomberos)
• Dar una licencia de conducir
• Aprobar la zonificación y el uso de la tierra

60. ¿Cuál es el propósito de la Décima Enmienda?

• (Establece que los) poderes no otorgados al gobierno federal pertenecen a los estados o al pueblo.

61. ¿Quién es el gobernador de su estado ahora?

• Las respuestas variarán. [Los residentes del Distrito de Columbia deben responder que D.C. no tiene gobernador].

62. ¿Cuál es la capital de su estado?

• Las respuestas variarán. [Los residentes del Distrito de Columbia deben res ponder que D.C. no es un estado y no tiene capital. Los residentes de territorios de EE. UU. Deben nombrar la capital del territorio.]

C: DERECHOS Y RESPONSABILIDADES

63. Hay cuatro enmiendas a la Constitución de los Estados Unidos sobre quién puede votar. Describe uno de ellos.

• Ciudadanos de dieciocho (18) años o más (pueden votar).
• No tiene que pagar (un impuesto de votación) para votar.
• Cualquier ciudadano puede votar. (Las mujeres y los hombres pueden votar).
• Un ciudadano de sexo masculino de cualquier raza (puede votar).

64. ¿Quién puede votar en las elecciones federales, postularse para un cargo federal y formar parte de un jurado en los Estados Unidos?

• Los ciudadanos
• Ciudadanos de los Estados Unidos
• Ciudadanos estadounidenses

65. ¿Cuáles son los tres derechos de todas las personas que viven en los Estados Unidos?

• Libertad de expresión

- Libertad de palabra
- La libertad de reunión
- Libertad para presentar peticiones al gobierno
- Libertad de religión
- El derecho a portar armas

66. ¿A qué mostramos lealtad cuando decimos el Juramento a la Bandera?
- Los Estados Unidos
- La bandera

67. Nombra dos promesas que los nuevos ciudadanos hacen en el Juramento de Lealtad.
- Renunciar a la lealtad a otros países
- Defender la Constitución (de EE.UU.)
- Obedezca las leyes de los Estados Unidos
- Sirve en el ejército (si es necesario)
- Servir (ayudar, hacer un trabajo importante para) la nación (si es necesario)
- Ser leal a los Estados Unidos

68. ¿Cómo pueden las personas convertirse en ciudadanos estadounidenses?
- Naturalizar
- Derivar ciudadanía
- Nacer en los Estados Unidos

69. ¿Cuáles son dos ejemplos de participación cívica en los Estados Unidos?
- Votar
- Postularse para un cargo
- Unirse a un partido político
- Ayudar con una campaña
- Unirse a un grupo cívico
- Unirse a un grupo comunitario
- Dar su opinión a un funcionario electo (sobre un tema)
- Contactar a los funcionarios electos
- Apoyar u oponerse a un problema o política
- Escribir al periódico

70. ¿Cuál es una forma en que los estadounidenses pueden servir a su país?

- Votar
- Pagar impuestos
- Obedecer la ley
- Servir en el ejército
- Postularse para un cargo
- Trabajar para el gobierno local, estatal o federal

71. ¿Por qué es importante pagar impuestos federales?

- Requerido por la ley
- Todas las personas pagan para financiar el Gobierno Federal.
- Requerido por la Constitución de (EE.UU.) (Enmienda 16)
- Deber cívico

72. Es importante que todos los hombres de entre 18 y 25 años se inscriban en el Servicio Selectivo. Nombra una razón por la cual.

- Requerido por la ley
- Deber cívico
- Hace que el Servicio Militar sea justo, si es necesario

HISTORIA AMERICANA
A: PERÍODO COLONIAL E INDEPENDENCIA

73. Los colonos llegaron a América por muchas razones. Nombra uno.

- Libertad
- Libertad política
- Libertad religiosa
- Oportunidad económica
- Escapar de la persecución

74. ¿Quién vivía en América antes de la llegada de los europeos?

- Indios americanos
- Nativos americanos

75. ¿Qué grupo de personas fueron capturadas y vendidas como esclavas?

- Africanos
- Gente de África

76. ¿Qué guerra pelearon los estadounidenses para independizarse de Gran Bretaña?

- Revolución Americana
- La Guerra Revolucionaria (Americana)
- Guerra por la independencia (estadounidense)

77. Nombra una razón por la que los estadounidenses declararon su independencia de Gran Bretaña.

- Impuestos altos
- Impuestos sin representación
- Los soldados británicos se quedaron en las casas de los estadounidenses (alojamiento, acuartelamiento)
- No tenían autogobierno
- Masacre de Boston
- Fiesta del té de Boston (Ley del Té)
- Ley de Sellos
- Ley del Azúcar
- Leyes de Townshend
- Actos intolerables (Coercitivos)

78. ¿Quién escribió la Declaración de Independencia?

- (Thomas) Jefferson

79. ¿Cuándo se adoptó la Declaración de Independencia?

- 4 de julio de 1776

80. La Revolución Estadounidense tuvo muchos acontecimientos importantes. Nombra uno.

- (Batalla de) Bunker Hill
- Declaración de Independencia
- Washington cruzando el Delaware (batalla de Trenton)
- (Batalla de) Saratoga
- Valley Forge (Campamento)
- (Batalla de) Yorktown (rendición británica en Yorktown)

81. Había 13 estados originales. Nombre cinco.

- Nueva Hampshire
- Connecticut
- Pensilvania
- Virginia
- Massachusetts
- Nueva York
- Delaware
- Carolina del Norte
- Rhode Island
- New Jersey
- Maryland
- Carolina del Sur

• Georgia

82. ¿Qué documento fundacional se redactó en 1787?
• Constitución (de EE.UU.)

83. Los Papeles Federalists apoyaron la aprobación de la Constitución de los Estados Unidos. Nombra a uno de los escritores.
• (James) Madison
• (Alexander) Hamilton
• (John) Jay
• Publius

84. ¿Por qué fueron importantes los Papeles Federalista?
• Ayudaron a las personas a comprender la Constitución (de EE.UU.).
• Apoyaron la aprobación de la Constitución (de EE.UU.).

85. Benjamin Franklin es famoso por muchas cosas. Nombra uno.
• Fundó las primeras bibliotecas públicas gratuitas
• Primer Director General de Correos de los Estados Unidos
• Ayudó a redactar la Declaración de Independencia
• Inventor
• Diplomático Estadounidense

86. George Washington es famoso por muchas cosas. Nombra uno.
• "Padre de Nuestra Patria"
• Primer presidente de los Estados Unidos
• General del Ejército Continental
• Presidente de la Convención Constitucional

87. Thomas Jefferson es famoso por muchas cosas. Nombra uno.
• Redactor de la Declaración de Independencia
• Tercer presidente de los Estados Unidos
• Duplicó el tamaño de los Estados Unidos (compra de Luisiana)
• Primer Secretario de Estado
• Fundó la Universidad de Virginia
• Escritor del Estatuto de Virginia sobre Libertad Religiosa

88. James Madison es famoso por muchas cosas. Nombra uno.
• "Padre de la Constitución"
• Cuarto presidente de los Estados Unidos

- Presidente durante la Guerra de 1812
- Uno de los escritores de los Papeles Federalista

89. Alexander Hamilton es famoso por muchas cosas. Nombra uno.
- Primer Secretario del Tesoro
- Uno de los escritores de los Papeles Federalista
- Ayudó a establecer el Primer Banco de los Estados Unidos
- Asistente del general George Washington
- Miembro del Congreso Continental

B: 1800

90. ¿Qué territorio le compró Estados Unidos a Francia en 1803?
- Territorio de Luisiana
- Luisiana

91. Nombra una guerra que libró Estados Unidos en el siglo XIX.
- Guerra de 1812
- Guerra México-Americana
- Guerra Civil
- Guerra Hispano-Americana

92. Nombra la guerra de Estados Unidos entre el Norte y el Sur.
- La Guerra Civil

93. La Guerra Civil tuvo muchos acontecimientos importantes. Nombra uno.
- (Batalla de) Fort Sumter
- Proclamación de Emancipación
- (Batalla de) Vicksburg
- (Batalla de) Gettysburg
- Marcha de Sherman
- (Rendición en) Appomattox
- (Batalla de) Antietam / Sharpsburg
- Lincoln fue asesinado.

94. Abraham Lincoln es famoso por muchas cosas. Nombra uno.
- Liberó a los esclavos (Proclamación de Emancipación)
- Salvó (o preservó) la Unión
- Lideró los Estados Unidos durante la Guerra Civil

- 16° presidente de los Estados Unidos
- Pronunció el discurso de Gettysburg

95. ¿Qué hizo la Proclamación de Emancipación?
- Liberaron a los esclavos
- Esclavos liberados en la Confederación
- Esclavos liberados en los estados confederados
- Esclavos liberados en la mayoría de los estados del Sur

96. ¿Qué guerra de Estados Unidos terminó con la esclavitud?
- La Guerra Civil

97. ¿Qué enmienda otorga la ciudadanía a todas las personas nacidas en los Estados Unidos?
- Decimocuarta Enmienda

98. ¿Cuándo obtuvieron todos los hombres el derecho al voto?
- Después de la Guerra Civil
- Durante la reconstrucción
- (Con la) 15ª Enmienda
- 1870

99. Nombre una líder del movimiento por los derechos de la mujer en el siglo XIX.
- Susan B. Anthony
- Elizabeth Cady Stanton
- Sojourner Truth
- Harriet Tubman
- Lucretia Mott
- Lucy Stone

C: HISTORIA ESTADOUNIDENSE RECIENTE Y OTRA INFORMACIÓN HISTÓRICA IMPORTANTE

100. Nombra una guerra que libró Estados Unidos en el siglo XX.
- Primera Guerra Mundial
- Segunda Guerra Mundial
- Guerra Coreana
- Guerra de Vietnam
- Guerra del Golfo (Persa)

101. ¿Por qué Estados Unidos entró en la Primera Guerra Mundial?
- Porque Alemania atacó barcos estadounidenses (civiles)
- Apoyar a las potencias aliadas (Inglaterra, Francia, Italia y Rusia)
- Oponerse a las potencias centrales (Alemania, Austria-Hungría, el Imperio Otomano y Bulgaria)

102. ¿Cuándo obtuvieron todas las mujeres el derecho al voto?
- 1920
- Después de la Primera Guerra Mundial
- (Con la) 19ª Enmienda

103. ¿Qué fue la Gran Depresión?
- La recesión económica más larga de la historia moderna

104. ¿Cuándo comenzó la Gran Depresión?
- El gran desplome (1929)
- Caída del mercado de valores de 1929

105. ¿Quién fue presidente durante la Gran Depresión y la Segunda Guerra Mundial?
- (Franklin) Roosevelt

106. ¿Por qué Estados Unidos entró en la Segunda Guerra Mundial?
- (Bombardeo de) Pearl Harbor
- Japoneses atacaron Pearl Harbor
- Para apoyar a las potencias aliadas (Inglaterra, Francia y Rusia)
- Oponerse a las potencias del Eje (Alemania, Italia y Japón)

107. Dwight Eisenhower es famoso por muchas cosas. Nombra uno.
- General durante la Segunda Guerra Mundial
- Presidente al final de (durante) la Guerra de Corea
- 34 ° presidente de los Estados Unidos
- Firmó la Ley de Carreteras de Ayuda Federal de 1956 (Creó el Sistema Interestatal)

108. ¿Quién fue el principal rival de Estados Unidos durante la Guerra Fría?
- Unión Soviética
- URSS
- Rusia

109. Durante la Guerra Fría, ¿Cuál fue una de las principales preocupaciones de Estados Unidos?
- Comunismo
- Guerra Nuclear

110. ¿Por qué Estados Unidos entró en la Guerra de Corea?
- Para detener la propagación del comunismo

111. ¿Por qué Estados Unidos entró en la guerra de Vietnam?
- Para detener la propagación del comunismo

112. ¿Qué hizo el movimiento de Derechos Civiles?
- Luchó para acabar con la discriminación racial

113. Martín Luther King, Jr. es famoso por muchas cosas. Nombra uno.
- Luchó por los Derechos Civiles
- Trabajó por la igualdad para todos los estadounidenses
- Trabajó para asegurar que las personas "no fueran juzgadas por el color de su piel, sino por el contenido de su carácter"

114. ¿Por qué Estados Unidos entró en la Guerra del Golfo Pérsico?
- Para expulsar al ejército iraquí de Kuwait

115. ¿Qué evento importante ocurrió el 11 de septiembre de 2001 en los Estados Unidos?
- Los terroristas atacaron los Estados Unidos
- Los terroristas se apoderaron de dos aviones y los estrellaron contra el World Trade Center en la ciudad de Nueva York.
- Los terroristas se apoderaron de un avión y se estrellaron contra el Pentágono en Arlington, Virginia.
- Los terroristas se apoderaron de un avión que originalmente tenía como objetivo Washington, D.C. y se estrellaron en un campo en Pensilvania

116. Nombra un conflicto militar de Estados Unidos después de los ataques del 11 de septiembre de 2001.
- Guerra (Global) contra el terrorismo
- Guerra en Afganistán
- Guerra en Irak

117. Nombra una tribu de indios americanos en los Estados Unidos.

- Apache
- Cherokee
- Choctaw
- Hopi
- Lakota
- Navajo
- Pueblo
- Shawnee
- Tuscarora
- Pies negros
- Cheyenne
- Arroyo
- Hurón
- Mohawk
- Oneida
- Seminole
- Sioux
- Cayuga
- Chippewa
- Cuervo
- Inupiat
- Mohegan
- Onondaga
- Séneca
- Teton

Para obtener una lista completa de tribus, visite bia.gov.

118. Mencione un ejemplo de una innovación estadounidense.

- Bombilla
- Automóvil (automóviles, motor combustible)
- Rascacielos
- Avión
- Linea de ensamblaje
- Aterrizando en la luna
- Circuito integrado (IC)

SÍMBOLOS Y FESTIVOS

A: SÍMBOLOS

119. ¿Cuál es la capital de Estados Unidos?

- Washington DC.

120. ¿Dónde está la Estatua de la Libertad?

- Puerto de New York
- Liberty Island [También son aceptables Nueva Jersey, cerca de la ciudad de Nueva York y en el (Río) Hudson.]

121. ¿Por qué la bandera tiene 13 franjas?

- (Porque había) 13 colonias originales
- (Porque las rayas) representan las colonias originales

122. ¿Por qué la bandera tiene 50 estrellas?

- (Porque hay) una estrella para cada estado
- (Porque) cada estrella representa un estado

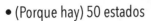

• (Porque hay) 50 estados

123. ¿Cómo se llama el himno nacional?

• La Bandera Estrellada

124. El primer lema de la nación fue "E Pluribus Unum". Qué significa eso?

• De muchos, uno
• Todos nos convertimos en uno

B: FESTIVOS

125. ¿Qué es el Día de la Independencia?

• Un día festivo para celebrar la independencia de Estados Unidos (de Gran Bretaña)
• El cumpleaños del país

126. Nombra tres feriados nacionales de EE. UU.

• Día de Año Nuevo
• Día de Martín Luther King, Jr.
• Día de los presidentes (cumpleaños de Washington)
• Día Conmemorativo
• Día de la Independencia
• Día del Trabajo
• Día de Cristóbal Colón
• Día de los Veteranos
• Día de Gracias
• Día de Navidad

127. ¿Qué es el Día de los Caídos?

• Un día festivo para honrar a los soldados que murieron en el servicio militar.

128. ¿Qué es el Día de los Veteranos?

• Un día festivo para honrar a las personas en el ejército (de EE.UU.)
• Un día festivo para honrar a las personas que han servido (en el ejército de los EE. UU.)

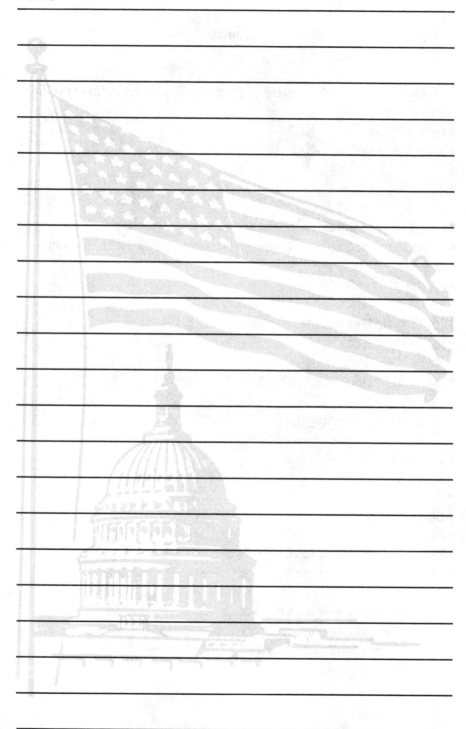

NOTAS

PREGUNTAS Y RESPUESTAS SOBRE EDUCACIÓN CÍVICA PARA LA CONSIDERACIÓN ESPECIAL 65/20 (VERSIÓN 2020)

La Ley de Inmigración y Nacionalidad brinda una consideración especial a los solicitantes que, al momento de presentar su Formulario N-400, Solicitud de Naturalización, tienen 65 años o más y que han estado viviendo en los Estados Unidos como residentes permanentes legales por al menos 20 años.

Los solicitantes que califiquen para la consideración especial 65/20 están exentos de los requisitos de inglés y pueden tomar el examen de educación cívica en el idioma de su elección.

Si califica para la consideración especial 65/20, un oficial de USCIS le pedirá que conteste 10 de las 20 preguntas del examen de educación cívica, debe responder al menos 6 de cada 10 preguntas (o el 60%) correctamente para aprobar la versión 2020 del examen de educación cívica.

GOBIERNO AMERICANO

A: PRINCIPIOS DEL GOBIERNO ESTADOUNIDENSE

1. ¿Cuál es la ley suprema del país?
- La Constitución de los EE.UU

2. ¿Cuántas Enmiendas tiene la Constitución de los Estados Unidos?
- Veintisiete (27)

3. ¿Cuál es el sistema económico de Estados Unidos?
- Capitalismo
- Economía de Libre Mercado

B: SISTEMA DE GOBIERNO

4. Nombre un poder del Congreso de los Estados Unidos.
- Escribe leyes
- Declara la guerra
- Hace el Presupuesto Federal

5. ¿Cómo se llama ahora el presidente de la Cámara de Representantes?
- Visite uscis.gov/citizenship/testupdates para obtener el nombre del presidente de la Cámara de Representantes.

_____

6. ¿El presidente de los Estados Unidos es elegido por cuántos años?
- Cuatro (4) años

7. ¿Cómo se llama ahora el presidente de los Estados Unidos?
- Visite uscis.gov/citizenship/testupdates para conocer el nombre del presidente de los Estados Unidos.

_____

8. ¿Cómo se llama ahora el vicepresidente de los Estados Unidos?

• Visite uscis.gov/citizenship/testupdates para conocer el nombre del vicepresidente de los Estados Unidos.

_____

9. ¿Quién veta los proyectos de ley?

• El presidente de los Estados Unidos

10. ¿Cuál es el tribunal más alto de los Estados Unidos?

• La Corte Suprema

11. ¿Quién es el gobernador de su estado ahora?

• Las respuestas variarán. [Los residentes del Distrito de Columbia deben responder que D.C. no tiene gobernador].

_____

C: DERECHOS Y RESPONSABILIDADES

12. ¿A qué mostramos lealtad cuando decimos el Compromiso de ¿Lealtad?

• Los Estados Unidos
• La Bandera

HISTORIA AMERICANA

A: PERÍODO COLONIAL E INDEPENDENCIA

13. ¿Quiénes vivían en América antes de la llegada de los europeos?

• Indios americanos
• Nativos americanos

14. ¿Quién escribió la Declaración de Independencia?

• (Thomas) Jefferson

15. George Washington es famoso por muchas cosas. Nombra uno.

• "Padre de Nuestra Patria"
• Primer presidente de los Estados Unidos
• General del Ejército Continental
• Presidente de la Convención Constitucional

B: 1800

16. Abraham Lincoln es famoso por muchas cosas. Nombra uno.
• Liberó a los esclavos (Proclamación de Emancipación)
• Salvó (o preservó) la Unión
• Lideró los Estados Unidos durante la Guerra Civil
• 16° presidente de los Estados Unidos
• Pronunció el discurso de Gettysburg

C: HISTORIA ESTADOUNIDENSE RECIENTE Y OTRA INFORMACIÓN HISTÓRICA IMPORTANTE

17. Martin Luther King, Jr. es famoso por muchas cosas. Nombra uno.
• Luchó por los Derechos Civiles
• Trabajó por la igualdad para todos los estadounidenses
• Trabajó para asegurar que las personas "no fueran juzgadas por el color de su piel, sino por el contenido de su carácter"

18. ¿Qué evento importante ocurrió el 11 de septiembre de 2001 en los Estados Unidos?
• Los terroristas atacaron los Estados Unidos
• Los terroristas se apoderaron de dos aviones y los estrellaron contra el World Trade Center en la ciudad de Nueva York.
• Los terroristas se apoderaron de un avión y se estrellaron contra el Pentágono en Arlington, Virginia.
• Los terroristas se apoderaron de un avión que originalmente tenía como obje tivo Washington, D.C. y se estrellaron en un campo en Pensilvania

SÍMBOLOS Y FESTIVOS
A: SÍMBOLOS

19. ¿Por qué la bandera tiene 13 franjas?
• (Porque había) 13 colonias originales
• (Porque las rayas) representan las colonias originales

B: FESTIVOS

20. Nombre tres días festivos nacionales de EE. UU.
• Día de Año Nuevo
• Día de Martin Luther King, Jr.

- Día de los presidentes (cumpleaños de Washington)
- Día Conmemorativo
- Día de la Independencia
- Día laboral
- Día de la Raza
- Día de los Veteranos
- Día de Gracias
- Día de Navidad

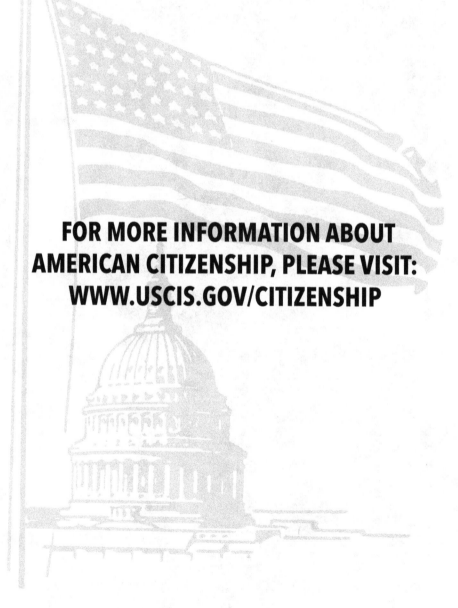

**FOR MORE INFORMATION ABOUT
AMERICAN CITIZENSHIP, PLEASE VISIT:
WWW.USCIS.GOV/CITIZENSHIP**

CPSIA information can be obtained
at www.ICGtesting.com
Printed in the USA
LVHW020751210221
679520LV00006B/699

9 781947 410046